Einführung

Herzlich willkommen zu dieser inspirierenden und tiefgründigen Reise, auf der wir die tiefsten Geheimnisse der menschlichen Seele und die universelle Verbindung entdecken, die uns alle verbindet. Dieses Buch lädt zur Entdeckung von Liebe, Empathie, Selbstlosigkeit, Ego, Spiritualität, Positivität und den Geheimnissen des Universums ein.

Beim Blättern durch diese wertvollen Seiten kommst du der Weisheit und Erkenntnis näher, die in jedem von uns wohnt. Das Ziel dieses Buches ist es, dir zu helfen, die tieferen Schichten zu erkunden, die die Grundlage menschlichen Seins bilden und uns mit all denen verbinden, denen wir im Laufe unseres Lebens begegnen.

Das Besondere an diesem Buch liegt darin, dass es nicht nur eine theoretische Herangehensweise zu diesen Themen bietet, sondern auch praktische Anleitungen für ihre Anwendung im Alltag gibt. Die Lehren und Übungen, die hier zu finden sind, ermutigen dazu, sich selbst und andere besser zu verstehen, um ein liebevolles und bewusstes Leben zu führen.

In den einzelnen Kapiteln erkunden wir die Kraft der Liebe, die Praxis der Empathie, das Geschenk der Selbstlosigkeit, die Auflösung des Egos, die Wege der Spiritualität, die Kraft des positiven Denkens und die Geheimnisse des Universums. Jedes Wort und jeder Gedanke dient dazu, dir zu helfen, deinen Weg zu finden und dich im Leben zu verwirklichen.

Vielen Dank, dass du dich uns auf dieser Reise angeschlossen hast. Wir hoffen, dass du auf den Seiten dieses Buches Inspiration und Anleitung findest, um eine noch tiefere Verbindung zu dir selbst und zu der Welt, in der wir leben, aufzubauen.

Die Liebe: Der höchste Ausdruck der menschlichen Seele:

Die Liebe ist der höchste Ausdruck der menschlichen Seele, deren Flamme seit Jahrtausenden in den Herzen der Menschheit brennt. Dieses Gefühl verbindet die Menschen miteinander, vertieft Beziehungen und verleiht unserem Leben Glück und Bedeutung. Die Liebe ist die Kraft, die jeden ergreift und die Welt umgestaltet.

Die Kraft der Liebe befähigt den Menschen, sich selbst und andere so anzunehmen, wie sie sind. Dadurch entsteht ein Klima der Akzeptanz und des Verständnisses, das Empathie und Mitgefühl fördert. Die Liebe urteilt nicht, sondern akzeptiert und liebt bedingungslos, selbst in Momenten größter Verletzlichkeit.

Die Liebe bringt seelischen Frieden und Harmonie ins Leben des Menschen. Durch die wahre Erfahrung der Liebe erkennt der Mensch, dass Glück und Zufriedenheit im inneren Selbst liegen und nicht in der äußeren Welt oder materiellen Gütern. Die Liebe verleiht dem Leben Sinn und befähigt uns, Freude und Begeisterung selbst in den kleinen Dingen des Alltags zu finden.

Die Liebe kennt keine Grenzen und keine Entfernungen. Die wahre Liebe überwindet die Beschränkungen von Zeit und Raum und verbindet uns mit Menschen, deren Seelen auf der gleichen Frequenz wie unsere schwingen. Durch die Liebe knüpfen die Menschen eine tiefe Verbindung zueinander und fühlen sich eins mit dem Universum.

Amun und Nefertari

Die erste Geschichte führt uns ins antike Ägypten, wo ein junger Prinz namens Amun und ein armes Bauernmädchen namens Nefertari sich begegnen. Amun und Nefertari sind seit ihrer Kindheit enge Freunde und entwickeln im Laufe der Zeit immer tiefere Gefühle füreinander. Doch aufgrund ihrer sozialen Unterschiede können sie ihre Liebe nicht offen zeigen. Als Amun erfährt, dass seine Familie ihn einer anderen Prinzessin zur Ehe bestimmt hat, bricht das junge Paar in Trauer zusammen. Obwohl sie versuchen, sich voneinander zu lösen, übertrifft die starke Liebe, die sie empfinden, alles andere. Die Herzen von Amun und Nefertari verschmelzen, und sie schwören, für ihre Liebe zu kämpfen, egal um welchen Preis. Die Kraft der Liebe inspiriert sie, soziale Konventionen zu überwinden und einander ihre Gefühle aufrichtig zu gestehen. Letztendlich erweist sich die Verbundenheit als stärker als die gesellschaftlichen Hindernisse, und das junge Paar lebt glücklich zusammen in den tanzenden Gängen des antiken Ägyptens.

Die Liebe kann sich auf verschiedene Arten im Leben der Menschen zeigen. Es kann die Liebe einer Mutter sein, die Fürsorge, Aufmerksamkeit und Schutz bietet; die Liebe der Freundschaft, die Vertrauen und Unterstützung gibt; oder die romantische Liebe, die Leidenschaft und Hingabe mit sich bringt.

Durch die Kraft der Liebe ist der Mensch fähig zu Selbstlosigkeit und Dienst am Nächsten. Die wahre Liebe fokussiert sich nicht nur auf unser eigenes Glück, sondern stellt auch das Glück anderer in den Vordergrund. Die Liebe inspiriert uns, anderen zu helfen, sie in ihren Zielen zu unterstützen und gemeinsam sowohl gute als auch schwierige Zeiten zu teilen.

Die Liebe ist eine Quelle der Heilung und des Heilens von Wunden. Die heilende Kraft der wahren Liebe ermöglicht es dem Menschen zu vergeben und sich von den

Lasten der Vergangenheit zu befreien. Die Liebe verwandelt verletzte Herzen und Seelen und ermöglicht uns, wieder an Hoffnung und einen Neuanfang zu glauben.

Die Liebe ist nicht nur in zwischenmenschlichen Beziehungen wichtig, sondern auch in der Liebe zur Natur und den Tieren. Die Liebe des Menschen erstreckt sich auf die Verantwortung für unsere Umwelt und alle Lebewesen. Durch die Liebe achtet der Mensch auf jede Form des Lebens und ist fähig, es zu bewahren und zu schützen.

William und Elizabeth:

Die zweite Geschichte entführt uns in die Zeit der englischen Renaissance, wo zwei junge Künstler, William und Elizabeth, in einer romantischen und geistigen Verbindung leben. Ihre Rollen am englischen Hof und in künstlerischen Kreisen bringen jedoch viele Herausforderungen mit sich. Elizabeths Vater ist ein einflussreicher Politiker und lehnt ihre Beziehung streng ab, da der Künstler keinen adeligen Hintergrund hat. Trotz zahlreicher äußerer Hindernisse halten die beiden aneinander fest. Die Liebe, die William und Elizabeth füreinander empfinden, inspiriert sie, die Hindernisse gemeinsam zu überwinden. Williams Gemälde zeigen die Kraft der Liebe und die Freiheit der Seele, während Elizabeths Gedichte zu einfühlsamen lyrischen Liebesbekenntnissen werden. Die Kraft der Liebe und ihre künstlerische Leidenschaft verleihen ihnen Flügel, und die englische Kunstwelt bewundert sie. Die ganze Welt entdeckt bald das künstlerische Genie des Paares und die Liebesinspirationen, die in ihren Werken verborgen sind. Schließlich wird ihre Liebe legendär, und die Künstler verewigen sich für immer in den Geschichtsbüchern Englands.

Die Geschichten, die von der Kraft der Liebe inspiriert wurden, lehren uns, wie tief die Macht der Liebe und der menschlichen Beziehungen unser Leben und die Welt beeinflussen können. Die Liebe inspiriert, vereint und heilt, und wir können die tiefsten Wahrheiten entdecken, wenn wir mit Glauben und Entschlossenheit unserem Herzensweg folgen. Die Liebe vermag Entfernungen zu überbrücken, Unterschiede zu überwinden und zu einer besseren und menschlicheren Welt für uns alle beizutragen.

Die Liebe ist auch eine Quelle der Kreativität und des künstlerischen Ausdrucks. Durch die wahre Liebe wird der Mensch inspiriert und ist fähig, seine Gefühle und Gedanken durch Kunst oder Schreiben auszudrücken. Die Liebe befähigt uns, die Welt auf unsere eigene einzigartige Weise mit reicher Seele zu bereichern.

Die Liebe ist die edelste und strahlendste Eigenschaft der menschlichen Seele.

Wahre Liebe kennt keine Grenzen und zeitlichen Begrenzungen. Sie ist die wunderbare Kraft, die unser Leben und das Leben der Menschen um uns herum verwandelt. Die Liebe ist das, wonach wir alle tief verlangen und was jede menschliche Seele in ihrem Leben sucht.

Die Liebe des Menschen ist das höchste Gefühl, das uns befähigt, uns mit dem Universum und allen Aspekten des Lebens zu verbinden. Die Liebe verleiht dem Leben Kraft und bereichert die Seele mit Glücksgefühlen und Harmonie. Wahre Liebe ist eine universelle Kraft, die Menschen miteinander verbindet und der Welt schöpferische Energie verleiht.

Die Liebe ist immer an unserer Seite und verlässt uns niemals. Wahre Liebe wird ewig leben und immer einer der größten Schätze der menschlichen Seele sein. Lasst uns die wahre Liebe anerkennen und sie als Leitprinzip unseres Lebens akzeptieren.

Die Liebe des Menschen berührt die Herzen und prägt unsere Erinnerungen. Die Momente, in denen uns die Liebe umarmt, bleiben für immer in uns. Erinnerungen, die von Liebe erfüllt sind, werden zu den kostbarsten Schätzen unseres Lebens. Sie beschenken uns mit Glück und Freude und helfen uns, schwierige Zeiten zu überstehen.

Die Liebe ist eine Kraft, die den Menschen ein Gefühl der Zugehörigkeit und Einheit mit anderen verleiht, die anders sind als er. Wahre Liebe kennt keine Grenzen und verbindet Menschen unabhängig von ihrer Kultur, Religion oder Herkunft. Die Liebe ermöglicht es dem Menschen, die Unterschiede anderer zu verstehen und anzunehmen und Brücken zwischen Menschen zu bauen.

Zweiten Weltkrieg Hanna und Erik:

Die dritte Geschichte entführt uns in die Zeit des Zweiten Weltkriegs, als sich zwei junge Menschen, Hanna und Erik, auf entgegengesetzten Seiten der Front wiederfinden. Hanna ist ein jüdisches Mädchen, das mit den Schrecken des Krieges in den Nazi-Konzentrationslagern konfrontiert wird. Erik ist ein deutscher Soldat, der gezwungen ist, in den Reihen des gewaltsamen Regimes zu dienen. Inmitten der verheerenden und quälenden Ereignisse des Krieges treffen die beiden jungen Menschen zufällig in einem zerstörten Dorf aufeinander. Die tiefe und unerklärliche Anziehung zueinander erfasst sie sofort. Die Kraft der Liebe bricht die Mauern ihrer durch den Krieg getrennten Welten auf und inspiriert die jungen Menschen auf der gegnerischen Seite, auch im Höllenfeuer des Konflikts menschlich zu bleiben. Die brennende Liebe in den Herzen von Hanna und Erik weckt die Hoffnung in ihnen, dass der Krieg eines Tages enden wird und die Menschheit in einer Ära des Friedens und des Verständnisses zusammenleben wird. Obwohl ihr Schicksal im tobenden Sturm des Krieges mit vielen Herausforderungen zu kämpfen hat, überwindet die Kraft ihrer Liebe alles und hinterlässt bis zum Ende ihres Lebens eine bezaubernde Erinnerung in den Geschichtsbüchern.

Die Geschichten, die durch die Kraft der Liebe inspiriert werden, lehren uns, wie tief sie unser Leben und die Welt beeinflussen kann. Die Liebe inspiriert, vereint und heilt, und wir können die tiefsten Wahrheiten entdecken, wenn wir unseren Herzens weg mit Glauben und Entschlossenheit verfolgen. Die Liebe kann Distanzen überbrücken, Unterschiede überwinden und dazu beitragen, eine bessere und menschlichere Welt für uns alle zu schaffen.

Die Liebe verändert die Sichtweise und Einstellung des Menschen zum Leben. Durch die wahre Liebe schaut der Mensch positiv und fröhlich auf das Leben und erkennt die kleinen Wunder und Schönheiten im Alltag. Die Liebe inspiriert uns dazu, freundlich und fürsorglich gegenüber anderen zu sein und erhöht dadurch das Glück und die Zufriedenheit sowohl in uns selbst als auch in anderen.

Die Kraft der Liebe formt das Verhalten und die Handlungen des Menschen. Durch die wahre Liebe kann der Mensch geduldig und verständnisvoll gegenüber anderen sein und den Bedürftigen eine helfende Hand reichen. Liebe zeigt sich nicht nur in Worten, sondern auch in Taten und Unterstützung.

Die Liebe gibt dem Menschen Kraft und Mut, um Ängste und Unsicherheiten zu überwinden. Durch die wahre Liebe wird der Mensch mutig und entschlossen, seine Ziele zu erreichen, weil er weiß, dass die Liebe ihn auf seinem Weg führt. Die Liebe unterstützt uns dabei, Herausforderungen und Schwierigkeiten zu bewältigen, da wir mit Glauben und Liebe den

Herausforderungen des Lebens gegenübertreten.

Die Liebe ist eine universelle Kraft, die in der Seele und im Herzen des Menschen verborgen ist. Wahre Liebe ist nicht nur ein Gefühl gegenüber einem geliebten Menschen, sondern auch ein Lebensstil, der im Alltag präsent ist.

Durchdie Liebe kann der Mensch Freude und Zufriedenheit in jedem Moment erfahren, weil er erkennt, dass das Leben ein Geschenk ist und dass wir jeden Tag schätzen müssen, den wir erleben dürfen.

Rassismus aktivisten: Martin und Rosa:

Die vierte Geschichte entführt uns in die Zeit der amerikanischen Bürgerrechtsbewegung im 20. Jahrhundert, in der zwei junge Aktivisten, Martin und Rosa, gegen Rassismus und Diskriminierung kämpfen. Martin Luther King Jr. ist ein charismatischer

Redenschreiber und Geistlicher, während Rosa Parks eine mutige Frau ist, die den Montgomery-Busboykott gegen die Trennung von schwarzen und weißen Menschen initiierte. An einem Tag treffen die beiden jungen Menschen zufällig während einer Demonstration aufeinander und werden sofort von der Entschlossenheit und Leidenschaft für die Wahrheit des anderen ergriffen. Die Kraft der Liebe spornt sie an, gemeinsam für Gleichberechtigung und Menschenwürde zu kämpfen. Ihre Entschlossenheit und geteilten Träume inspirieren andere Aktivisten und die gesamte Gemeinschaft, sich der Bewegung anzuschließen. Martin und Rosa kämpfen nicht nur für die Wahrheit, sondern auch für friedliche und gewaltlose Lösungen. Die Kraft der Liebe hilft ihnen, Wege des Verständnisses und der Zusammenarbeit zu finden, auch mitten im Widerstand und der Gewalt. In den Menschen wächst das Gefühl des gemeinsamen Einsatzes für die Wahrheit und Empathie, das über ethnische, religiöse und kulturelle Grenzen hinweg reicht. Die Worte und Taten von Martin und Rosa haben im ganzen Land eine inspirierende Wirkung. Die Kraft der amerikanischen Bürgerrechtsbewegung führt nicht nur zur Veränderung der Gesetze, sondern verankert auch die Werte von Liebe und Toleranz im Herzen der Menschen. Die Welt wird auf die Bedeutung der Menschenwürde aufmerksam gemacht und darauf, dass jeder Mensch das Recht auf Gleichheit und Gerechtigkeit hat. Die Kraft der Liebe verwandelt das ganze Land, und nach der Annahme der Bürgerrechts Gesetze entwickeln Martin und Rosa eine noch tiefere Verbindung zueinander. Sie hegen eine Liebe und Achtung füreinander, die über Freundschaft und Zusammenarbeit hinausgeht und fast schon auf spiritueller Ebene liegt.

Diese Geschichten ereigneten sich zu unterschiedlichen Zeiten und an verschiedenen Orten der Menschheitsgeschichte, aber sie haben alle die herausragende Rolle der Liebe in sich. Die Liebe inspiriert, vereint, erobert und ermutigt zu Emotionen, die über Zeit und Raum hinausgehen. Diese Geschichten der Menschheit bezeugen, dass die Liebe die Kraft ist, die Leben verwandelt und die Welt zu einem schöneren und menschlicheren Ort macht.

Die Liebe zeigt sich nicht nur in glücklichen Momenten, sondern auch in Leiden und Schmerzen. Durch wahre Liebe kann der Mensch anderen in schwierigen Zeiten Halt geben und ihnen helfen, Verluste und Herausforderungen zu bewältigen. Die Kraft der Liebe hilft uns dabei, uns in dunklen Zeiten nicht allein zu fühlen, sondern zu spüren, dass da jemand ist, der an unserer Seite steht und uns liebt.

Die Liebe ist das nobelste Merkmal der menschlichen Seele und der wertvollste Schatz unseres Lebens. Durch wahre Liebe kann der Mensch Freude und Glück, Harmonie und Frieden empfinden. Die Liebe lässt uns die Wunder und die wahre Bedeutung des Lebens erleben. Lasst uns also der Liebe Respekt zollen und sie als die universelle Kraft akzeptieren, die unser Leben leitet und unsere Beziehungen zu anderen Menschen gestaltet.

Ich hoffe, diese Darstellung der Bedeutung der Liebe hat Ihnen gefallen und Ihnen dabei geholfen, die Kraft der Liebe in Ihrem Leben zu schätzen. Die Liebe ist wirklich eine unbeschreibliche und transformative Kraft, die uns verbindet und unsere Herzen berührt. Lassen Sie uns die Liebe in all ihren Formen in unserem Leben willkommen heißen und sie als den kostbarsten Schatz behandeln, den wir haben.

Bitte beachten Sie, dass die hier beschriebene Bedeutung der Liebe ein allgemeiner Ansatz ist und dass Liebe für jeden Menschen eine einzigartige Bedeutung haben kann, die von seinen persönlichen Erfahrungen und Beziehungen geprägt ist. Die wahre Schönheit der Liebe liegt darin, dass sie für jeden Menschen anders ist und dennoch eine universelle Kraft bleibt, die uns alle verbindet.

Sollten Sie noch weitere Fragen oder Themen haben, über die Sie mehr erfahren möchten, stehe ich Ihnen gerne zur Verfügung. Ich wünsche Ihnen alles Gute auf Ihrer Reise der Liebe und des Verstehens. Möge die Liebe immer in Ihrem Herzen leuchten und Sie auf Ihrem Weg begleiten.

Aktivisten: Maya und David:

Die fünfte und letzte Geschichte entführt uns in die moderne Zeit, wo zwei enthusiastische und engagierte Aktivisten, Maya und David, daran arbeiten, die Welt zu einem besseren Ort zu machen. Beide kämpfen für Menschenrechte und Umweltschutz und glauben leidenschaftlich daran, dass Menschen durch Zusammenarbeit und Liebe die Welt verändern können.Maya und David bündeln ihre Kräfte für eine edle Sache und gründen eine wirklich gemeinschaftliche Initiative. Eine riesige Gruppe von Freiwilligen und Aktivisten schließt sich ihnen aus der ganzen Welt an. Ihre aufrichtige Hingabe und von Herzen kommende Liebe ziehen die Menschen an, und bald wird die Bewegung zu einer echten Kraft. Die Aktivisten lenken nicht nur die Aufmerksamkeit auf Probleme, sondern bieten auch positive Lösungen an. Maya und David glauben, dass Liebe und Empathie der wahre Schlüssel zur Veränderung sein können. Die Aktivisten nehmen an Gemeinschaftsveranstaltungen teil, wo sie Bedürftigen helfen und Umweltbewusstsein fördern. Die Kraft der Liebe und des Engagements verleiht der Bewegung Flügel, und ihre Beharrlichkeit für das Ziel inspiriert Menschen, sich ihnen anzuschließen. Die positiven Botschaften und gemeinsamen Werte ziehen Menschen an, die zuvor vielleicht keine Erfahrung im Aktivismus hatten, aber jetzt das Gefühl haben, Teil von etwas Größerem zu sein. Die Geschichte von Maya und David lehrt uns, dass die Kraft der Liebe und des

Engagements die Welt verändern kann. Es spielt keine Rolle, wie klein oder wie weit voneinander entfernt wir sind, Liebe und Zusammenarbeit können uns alle vereinen und inspirieren.

Selbst kleine Schritte in unserer eigenen Umgebung oder auf globaler Ebene können eine immense Wirkung haben, wenn Liebe und Engagement uns leiten.Das Beispiel von Maya und David erinnert uns daran, dass die Kraft der Liebe nicht nur auf romantische Beziehungen beschränkt ist, sondern auch auf die menschlichen Beziehungen, die es uns ermöglichen, gemeinsam eine bessere Zukunft für uns alle zu gestalten und aufzubauen.

Motivations Seiten:

Die Liebe ist der größte Schatz unseres Lebens. Die Kraft der Liebe und Empathie zwischen Menschen ist außergewöhnlich, da sie in der Lage ist, ganze Gemeinschaften zu verbinden und zu transformieren. Lass die Liebe dein Kompass sein, der immer auf das Gute und die Fürsorge fokussiert. Wenn wir liebevoll miteinander umgehen, können wir wunderbare Veränderungen in der Welt bewirken.

Die Kraft der Liebe ist heilend und stärkend. Wenn wir anderen echte Liebe schenken, macht es sie nicht nur glücklich, sondern weckt auch Glück in uns selbst. Liebe ist die einzige Kraft, die wächst, wenn wir sie mit anderen teilen. Sei ein Botschafter der Liebe und lass dieses Gefühl dein tägliches Handeln leiten.

Wahre Liebe ist immer selbstlos und bedingungslos. Wenn wir selbstlos lieben und andere unterstützen, bereichern wir unser Leben wirklich. Selbst kleine Gesten können große Auswirkungen auf andere haben. Egal wie klein es auch sein mag, was du tust, wisse, dass die Liebe, die du gibst, tiefe Spuren im Herzen der Menschen hinterlassen kann.

Die Liebe ist die Kraft, die Menschen verbindet und alle Unterschiede überwindet. Denke daran, dass Liebe keine Grenzen kennt und in jedem von uns ein wenig Liebe vorhanden ist, das wir mit anderen teilen können. Eine tiefere Verbindung zu den Menschen macht unser Leben reicher und sinnvoller. Sorge dafür, dass die Liebe immer dein Leitfaden ist.

Der Zauber der Liebe liegt nicht nur in Worten, sondern auch in Taten und

Präsenz. Strebe danach, immer emphatisch und verständnisvoll anderen gegenüber zu sein. Eine liebevolle Geste oder ein inniger Moment ist viel mehr wert als tausend leere Worte. Echte Liebe ist immer authentisch und hat eine einzigartige Kraft.

Die Liebe ist nicht nur in Beziehungen zu anderen wichtig, sondern auch in unserer Beziehung zu uns selbst. Akzeptiere und liebe dich selbst so, wie du bist, denn deine eigene Selbstliebe ist die Grundlage dafür, wie du andere liebst. Sei erfüllt von aufrichtiger Liebe und lass diese strahlende Energie alles durchdringen, was du tust.

Die Liebe ist die unsichtbare Kraft, die Menschen erhebt und wieder vereint. Wenn die Liebe uns leitet, werden wir mutiger und können unsere Grenzen überwinden. Lass die Liebe dir Mut geben und glaube daran, dass du jede Herausforderung bewältigen kannst, wenn du es mit dem Herzen tust.

Die Liebe ist die, die sogar in der Dunkelheit Licht spendet. Die Kraft der

Liebe zwischen Menschen kann selbst die schwierigsten Zeiten erhellen. Wenn du die Liebe in dir und in anderen findest und stärkst, wird es immer einen Stern geben, der deinen Weg erhellt. Strebe nach Liebe und fliege zu den wundervollsten Erfahrungen in deinem Leben.

Die Kraft der Liebe ist unerschütterlich und grenzenlos. Wenn du auf andere achtest, Freuden und Lasten mit ihnen teilst, kann dies enorme positive Veränderungen in deinem Leben bewirken. Zu lieben und geliebt zu werden, ist das größte Geschenk des Lebens, das uns allen zusteht. Vergiss nicht, dass die Liebe immer die Antwort auf deine Fragen gibt und die Quelle wahrer Glückseligkeit ist.

Die Liebe formt unser Leben zu einem wunderbaren Abenteuer. Wenn wir von Herzen lieben und andere so akzeptieren, wie sie sind, finden wir Wert und Glück auch in den einfachen Momenten. Hab keine Angst, dein Herz für andere zu öffnen, und lass die Liebe deinen Weg führen. Die Liebe lehrt uns, dass das Leben nicht immer perfekt ist, aber es ist immer wertvoll, Glück und Freude mit anderen zu teilen.

Die Empathie

Empathie ist ein tiefes und mitfühlendes Gefühl, das die Fähigkeit umfasst, die Gefühle anderer zu verstehen und angemessen darauf zu reagieren. Diese menschliche Eigenschaft ermöglicht es uns, die Freude, den Schmerz und die Bedürfnisse anderer zu spüren und angemessen darauf zu reagieren. Empathie spielt eine wichtige Rolle in zwischenmenschlichen Beziehungen und sozialen Interaktionen.

Empathie ermöglicht es uns, die Welt aus der Perspektive anderer zu sehen und besser zu verstehen, was in den Köpfen anderer vor sich geht und warum sie so reagieren, wie sie es tun. Dies hilft uns, die Welt nicht nur aus unserer eigenen Perspektive zu betrachten, sondern auch die Perspektiven anderer zu berücksichtigen.

Empathie spielt eine Schlüsselrolle in zwischenmenschlichen Beziehungen und Zusammenarbeit. Wenn wir mit Empathie auf andere zugehen, können wir die emotionalen Kommunikationskanäle öffnen, was dazu beiträgt, Spannungen abzubauen und gegenseitiges Verständnis zu fördern. Empathie hilft uns auch, unterstützender und hilfsbereiter gegenüber anderen zu sein und leichter zu erkennen, wie wir ihnen helfen können.

Empathie kann sich auf verschiedenen Ebenen zeigen. Es gibt emotionale Empathie, bei der wir in der Lage sind, die Gefühle anderer zu fühlen und zu erleben, kognitive Empathie, bei der wir die Gefühle und Perspektiven anderer verstehen, sowie emphatisches Handeln, bei dem wir auf emphatische Weise handeln und anderen helfen.

Das arme Mädchen und das goldige Spielzeug:

Einst lebte in einem kleinen Dorf ein armes Mädchen, das nichts hatte, aber immer fröhlich und lächelnd war. Eines Tages, als es zur Schule ging, sah es ein glänzendes, goldiges Spielzeug in einem Schaufenster des Spielzeuggeschäfts. Das Mädchen blieb einen Moment stehen und starrte das Spielzeug an, aber dann setzte es seinen Weg zur Schule fort. Am nächsten Tag, als es erneut am Spielzeuggeschäft vorbeiging, bemerkte es, dass das Spielzeug immer noch im Schaufenster stand. Das Mädchen dachte traurig daran, dass es sich niemals leisten könnte, es zu kaufen. Dennoch kam es in den nächsten Tagen jeden Tag zurück zum Spielzeuggeschäft, nur um das Spielzeug zu bewundern. Eines Tages geschah jedoch etwas Überraschendes. Als das Mädchen erneut am Spielzeuggeschäft vorbeiging, sah es, dass das Spielzeug nicht mehr da war. Der Ladenbesitzer hatte die beharrlichen Besuche des Mädchens bemerkt und schenkte ihm das begehrte Spielzeug. Das Mädchen nahm das Geschenk gerührt und glücklich an und umarmte den Ladenbesitzer dankbar. Die Menschen um sie herum beobachteten das Ereignis und die Geschichte verbreitete sich schnell im Dorf. Die Menschen waren erstaunt, wie treu und beharrlich das Mädchen jeden Tag vor dem Spielzeuggeschäft stand, aber sie wussten nie, dass es das ersehnte Spielzeug schließlich durch seine Empathie und Ausdauer erhalten hatte. Diese Geschichte erinnert uns daran, dass Empathie und Beharrlichkeit wirklich Wunder bewirken können.

Empathie bedeutet nicht nur ein gutes Gefühl und Liebe für andere, sondern manifestiert sich auch in emphatischen Handlungen. Empathie kann durch eine warme Umarmung, ein verständnisvolles Wort, aufmerksames Zuhören oder eine helfende Hand gezeigt werden.

Es ist jedoch wichtig zu beachten, dass Empathie nicht bedeutet, dass wir jeder Situation oder Handlung zustimmen oder akzeptieren müssen. Empathie bedeutet vielmehr, die Gefühle und Bedürfnisse anderer zu verstehen, auch wenn wir nicht mit ihnen übereinstimmen.

Empathie ist eine entwickelbare Fähigkeit und eine Fähigkeit, die es lohnt, zu üben und zu stärken. Das Üben von Empathie hilft uns, sensibler und verständnisvoller gegenüber anderen zu sein und tiefere und ausgeglichenere Beziehungen aufzubauen.

Zusammenfassend ist Empathie eine äußerst wichtige menschliche Eigenschaft, die dazu beiträgt, dass wir einander besser verstehen und unterstützen, zu gesunden und harmonischen sozialen Beziehungen beiträgt und die Verbindungen zwischen Menschen stärkt.

Empathie basiert darauf, dass wir uns mit den emotionalen Zuständen anderer identifizieren und versuchen, uns in ihre Situation hineinzuversetzen. Diese Fähigkeit ermöglicht es uns, besser zu verstehen, warum sie etwas fühlen und welche Auswirkungen es in der gegebenen Situation auf sie hat. Empathie hilft uns dabei, sensibler für die Bedürfnisse und emotionalen Zustände anderer zu sein und ihnen zu helfen, wenn sie es brauchen.

Empathie bedeutet jedoch nicht nur emotionale Identifikation, sondern auch sich um andere zu kümmern und für sie da zu sein, wenn sie uns brauchen. Empathie hilft dabei, tiefere Beziehungen zu anderen aufzubauen und zeigt, dass wir uns um sie kümmern. Emphatische Handlungen können freiwillige Aktivitäten, Spenden oder einfach nur ein herzliches Lächeln und freundliche Worte für andere sein.

Helen Keller ist eines der bekanntesten Beispiele für die Stärke der Empathie bei der Überwindung von Grenzen. Als kleines Mädchen war Helen sowohl blind als auch taub aufgrund einer Krankheit, und daher war Berührung die einzige Möglichkeit für sie zu kommunizieren. Um ihre Empathie zu entwickeln, versuchte Helen, die Gefühle anderer durch Berührung und Körpersprache zu verstehen. Anne Sullivan, eine erfahrene Lehrerin in der Bildung sehbehinderter Menschen, half Helen dabei, ihre Empathie zu entwickeln und die Emotionen anderer zu verstehen. Durch Empathie wuchs Helen den Menschen und der Welt näher, was ihr half, die Einschränkungen des Lebens zu überwinden und eine erfolgreiche Menschenrechtsaktivistin zu werden. Die Geschichte von Helen Keller lehrt uns, dass Empathie eine Kraft ist, die physische und emotionale Barrieren überwinden kann und Verbindungen zu anderen jenseits der Sinne schaffen kann. Empathie half Helen, ein tieferes und ausgewogeneres Leben zu führen, und sie dient als Beispiel dafür, dass wir mit Empathie und Ausdauer den Herausforderungen des Lebens begegnen können.

Empathie spielt eine entscheidende Rolle in zwischenmenschlichen Beziehungen und Zusammenarbeit. Wenn wir emphatisch sind, können wir Konflikte besser verstehen und lösen, da wir uns besser in die Gefühle und Perspektiven anderer hineinversetzen können. Eine emphatische Herangehensweise ermöglicht es uns, besser zu kommunizieren und Konflikte durch Verständnis und Wertschätzung zu lösen.

Empathie trägt auch dazu bei, die emotionale Intelligenz zu verbessern. Mit Empathie können wir besser mit Emotionen umgehen und unsere eigenen und die Gefühle anderer effektiver verwalten.

Empathie unterstützt Mitgefühl und Menschlichkeit. Mit Empathie neigen wir dazu, anderen zu helfen, die in Not sind. Dies kann durch freiwillige Tätigkeiten,

Spenden oder einfach nur durch ein Verständnis und Unterstützung für andere geschehen. Empathie stärkt die Menschlichkeit und positive Taten.

Empathie kann auch zur Unterstützung der mentalen Gesundheit beitragen. Das Erleben von Empathie hat positive Auswirkungen auf die persönliche mentale Gesundheit. Wenn wir andere unterstützen und ihnen zuhören, kann dies zu Glücks- und Zufriedenheitsgefühlen in unserem Leben führen.

Empathie spielt eine Rolle beim Aufbau von Gemeinschaften. Emphatische Gemeinschaften neigen dazu, gegenseitige Verständnis und Zusammenhalt zu fördern. In solchen Gemeinschaften neigen Menschen dazu, einander zu helfen und gemeinsam für ein gemeinsames Ziel zu arbeiten.

Empathie ist eine Fähigkeit, die bewusst geübt und entwickelt werden kann. Aufmerksam anderen zuzuhören, sich um die Gefühle anderer zu kümmern und zu versuchen, ihre Perspektiven zu verstehen, tragen allesamt dazu bei, die Empathie zu stärken.

Mahatma Gandhi und Empathie in der indischen Unabhängigkeitsbewegung:

Mahatma Gandhi, der politische Führer, der für die Unabhängigkeit Indiens kämpfte, führte das Land mit Empathie im Kampf gegen die britische Kolonialherrschaft an. Er setzte sich für friedlichen und gewaltfreien Widerstand ein, und Empathie war einer der grundlegenden Werte, auf denen er die Bewegung aufbaute. Gandhi predigte die Bedeutung engerer Verbindungen zu den Menschen und ein Bekenntnis zur Gerechtigkeit und betonte, dass friedliche Zusammenarbeit und Empathie gegenüber anderen eine immense Kraft haben, um Veränderungen zu fördern. Die indische Unabhängigkeitsbewegung verließ sich stark auf Empathie und friedliche Einheit für ihren Erfolg. Diese Geschichten sind Beispiele dafür, wie Emphatie nicht nur auf individueller Ebene wichtig ist, sondern auch einen bedeutenden Einfluss auf die Gesellschaft und den Verlauf der Geschichte haben kann. Empathie ist eine Kraft, die Menschen verbindet, Zusammenarbeit fördert und Veränderungen in der Welt vorantreibt.

Es ist wichtig zu verstehen, dass Empathie nicht bedeutet, dass wir die Gefühle anderer als unsere eigenen übernehmen, sondern dass wir sensibel und verständnisvoll gegenüber anderen sind. Das Üben von Empathie kann positive Veränderungen in unserem Leben und im Leben anderer bewirken, wie zum Beispiel innige und ausgeglichene menschliche Beziehungen, gestärkte Zusammenarbeit und verringerte Konflikte. Ganzes haben.

In Arthurs Königreich vertieften sich die zwischenmenschlichen Beziehungen, und im Geist der Empathie lösten die Menschen ihre aufkommenden Probleme gemeinsam.

Empathie spielte nicht nur eine wichtige Rolle in der Beziehung zwischen dem Herrscher und dem Volk, sondern stärkte auch Freundschaften und familiäre Verbindungen unter den Menschen.
Das Universum beobachtete die Ereignisse im Königreich und fühlte sich in seiner Freude mit Arthurs mitfühlender und emphatischer Herrschaft verbunden. Als Zeichen seiner Dankbarkeit sandte das Universum ein besonderes Geschenk an das Königreich: einen diamantförmigen Stern, der strahlendes Licht ausstrahlte und von dem man glaubte, dass darin die Teilchen der Energie des Universums verborgen seien.

Der Diamant symbolisierte die Kraft von Handlungen, die mit Empathie und liebevollen Herzen ausgeführt wurden, und Arthur platzierte diesen Schatz im Herzen des Königreichs. Dieser wunderbare Diamant, bekannt als "Das Licht der Liebe", erinnerte die Menschen immer wieder an die Kraft von Empathie und Liebe und daran, dass das Universum stets das zurückgibt, was die Menschen mit guter Absicht anderen gegenüber tun.

Die positiven Veränderungen, die Arthur in Gang gesetzt hatte, beschränkten sich nicht nur auf das Königreich, sondern erfassten die ganze Welt. Die Menschen bewunderten das Königreich aus anderen Ländern und begannen, die Bedeutung von Empathie und Liebe zu erkennen. So breitete sich die Welle des Friedens und der Harmonie, die durch Empathie entstanden war, in vielen Teilen der Welt aus, und andere Herrscher begannen ebenfalls, die von Arthur gelehrteten Werte in ihren eigenen Königreichen anzuwenden.

Empathie und Liebe führten zur Bildung von Allianzen und Freundschaften zwischen den Königreichen und Völkern, und die Welt begann zusammenzuarbeiten, um globale Herausforderungen und Probleme zu bewältigen. Die von Arthur initiierten Veränderungen und die Dankbarkeit des Universums veränderten die Welt für immer und die Menschen erschufen gemeinsam einen glücklichen und friedlichen Planeten, in dem Empathie und Liebe in den Herzen aller Menschen zu Hause waren.

Empathie hat nicht nur auf individueller Ebene, sondern auch auf gesellschaftlicher Ebene eine bedeutende Wirkung. Wenn Menschen gemeinsam Empathie praktizieren, trägt dies dazu bei, eine harmonischere, zusammenhaltender und kooperativere Gesellschaft zu schaffen, in der die Menschen einander unterstützen und helfen. Empathie bildet die Grundlage für zwischenmenschliche Beziehungen und hilft dabei, eine bessere Welt zu schaffen, in der jeder Verständnis und Liebe findet.

Empathie bedeutet nicht nur emotionale Identifikation, sondern beinhaltet auch, sich um andere zu kümmern und bei ihnen zu sein, wenn sie uns brauchen. Empathie hilft dabei, tiefere Beziehungen zu anderen aufzubauen und mitfühlend und verständnisvoll anderen gegenüber zu sein.

Wichtiger Hinweis ist, dass Empathie nicht bedeutet, dass wir in allem mit anderen übereinstimmen oder ihre Sichtweisen und Handlungen akzeptieren müssen. Empathie bedeutet jedoch, dass wir respektvoll und verständnisvoll anderen gegenübertreten, auch wenn wir unterschiedliche Meinungen oder Gefühle haben.

Florence Nightingale und Empathie im Gesundheitswesen:

Florence Nightingale, eine englische Krankenschwester und die Begründerin der modernen Krankenpflege, wurde zum Symbol der Empathie im Gesundheitswesen. Während des Krimkrieges, wo sie in Krankenhäusern mit schwer verwundeten Soldaten arbeiten musste, half Florence's berühmt emphatischer Ansatz den Menschen in ihrem Leiden und ihrer Verzweiflung. Ihre Hingabe an Empathie und Selbstlosigkeit brachte ihr sowohl von den verletzten Soldaten als auch von den

Krankenhausmitarbeitern Respekt und Bewunderung ein. Das Beispiel von Florence Nightingale führte zur Etablierung einer verantwortungsvollen und fürsorglichen Gesundheitsversorgung, und Empathie bleibt bis heute ein grundlegendes Wert im Gesundheitswesen.

Empathie ist eine bedeutende menschliche Eigenschaft, die dazu beiträgt, eine menschlichere und zusammenhaltendere Gesellschaft zu schaffen. Wenn wir mit Empathie auf andere Menschen zugehen, tragen wir zu positiven und gesunden Beziehungen bei und helfen anderen, sich in unserer Gegenwart wohler zu fühlen. Das Üben von Empathie zeigt, dass wir uns um andere kümmern und bereit sind, sie in ihren unterschiedlichen Lebenssituationen zu verstehen und zu unterstützen.

Die Praxis und Erfahrung von Empathie bringt zahlreiche Vorteile mit sich, die sich sowohl auf unser individuelles Leben als auch auf größere Gemeinschaften und Gesellschaften auswirken:

Empathie hilft dabei, tiefere und erfüllendere Beziehungen zu anderen Menschen aufzubauen, da wir besser verstehen und fühlen können, was in ihren emotionalen Zuständen vorgeht.

Stärkung zwischenmenschlicher Beziehungen: Empathie führt zu tieferen und erfüllenderen Beziehungen. Wenn wir die Gefühle anderer verstehen und angemessen darauf reagieren, stärken wir die menschlichen Bindungen und die emotionale Verbundenheit zu anderen.

Reduzierung von Konflikten: Empathie hilft dabei, die Perspektive und Gefühle anderer zu verstehen und kann dadurch Konflikte und Spannungen reduzieren. Die emphatische Herangehensweise ermöglicht es uns, besser zu kommunizieren und Konflikte durch Verständnis und Wertschätzung zu lösen.

Bessere Kommunikation und Führung: Menschen mit Empathie neigen dazu, andere besser zuzuhören, was zu effektiverer Kommunikation und Führung führen kann. Emphatische Führungskräfte sind in der Lage, ihre Mitarbeiter zu verstehen und zu unterstützen, was sie motiviert und inspiriert.

Steigerung der emotionalen Intelligenz: Empathie ist ein wichtiger Bestandteil der emotionalen Intelligenz. Emphatische Menschen können Emotionen besser handhaben und sowohl ihre eigenen als auch die Gefühle anderer effektiver regulieren.

Hilfsbereitschaft und Mitmenschlichkeit: Empathie motiviert uns dazu, anderen zu helfen, die in Not sind. Dies kann durch freiwillige Tätigkeiten, Spenden oder einfach nur durch ein warmes Lächeln und freundliche Worte geschehen. Empathie stärkt die Menschlichkeit und das Miteinander.

Unterstützung für die mentale Gesundheit: Das Erleben von Empathie hat positive Auswirkungen auf unsere individuelle mentale Gesundheit. Wenn wir andere unterstützen und ihnen zuhören, kann dies zu Glücks- und Zufriedenheitserlebnissen in unserem eigenen Leben führen.

Gemeinschaftsaufbau: Empathie fördert das gegenseitige Verständnis und den Zusammenhalt in Gemeinschaften. In emphatischen Gemeinschaften helfen Menschen einander und arbeiten gemeinsam für ein gemeinsames Ziel.

Empathie ist eine Fähigkeit, die wir bewusst üben und entwickeln können. Aufmerksam anderen zuzuhören, sich um die Gefühle anderer zu kümmern und sich in ihre Perspektive hineinzuversetzen, trägt alles dazu bei, dass Empathie stärker wird.

Die Empathie im Römischen Reich:

Eine der bekanntesten Geschichten, die Empathie im antiken Römischen Reich zeigt, stammt aus der Zeit der Gladiatorenkämpfe im Kolosseum. Wenn römische Gladiatoren in der Arena kämpften, trafen die Zuschauer am Ende des Kampfes lebensentscheidende Urteile. Wenn der besiegte Gladiator seinen Daumen hob, bedeutete dies, dass er um Gnade flehte, und das Publikum entschied, ob sein Leben verschont werden sollte oder nicht. Bei einer solchen Veranstaltung kämpfte ein junger Gladiator in der Arena und beeindruckte das Publikum mit seinem Mut und Geschick. Als der Kampf zu Ende ging und der junge Mann vor dem siegreichen Gladiator kniete und auf seine lebensentscheidende Entscheidung wartete, erfasste das Publikum eine starke Welle der Empathie. Getrieben von einer Verantwortung für die Leben, die seien ihren Händen hielten, empfanden die Zuschauer Mitgefühl für den jungen Gladiator. Anstatt der Gewalt des Augenblicks nachzugeben, entschied sich der junge Gladiator, geleitet von Empathie, das Leben seines Gegners zu verschonen. Dieser bewegende Moment, in dem Empathie über die Brutalität triumphierte, berührte die Zuschauer im Kolosseum tief und blieb in der Geschichte des antiken Roms unvergesslich. Diese Geschichte betont die Kraft und Bedeutung von Empathie selbst in den rücksichtslosesten und gewalttätigsten Umgebungen.

Es ist wichtig zu verstehen, dass Empathie nicht bedeutet, dass wir die Gefühle anderer als unsere eigenen empfinden, sondern dass wir einfühlsam und verständnisvoll gegenüber anderen sind. Mit Empathie können wir positive Veränderungen in unserem eigenen Leben und im Leben anderer bewirken, die zu umfassenderen sozialen Vorteilen führen können, wie zum Beispiel intime und ausgewogene menschliche Beziehungen, eine stärkere Zusammenarbeit und eine Verringerung von Konflikten.

Schließlich hat Empathie nicht nur auf individueller Ebene, sondern auch auf gesellschaftlicher Ebene bedeutende Auswirkungen. Wenn Menschen Empathie gemeinsam praktizieren, trägt dies zur Gestaltung einer harmonischeren, zusammenhaltenden und kooperativeren Gesellschaft bei, in der die Menschen sich gegenseitig unterstützen und helfen. Empathie bildet die Grundlage für zwischenmenschliche Beziehungen und trägt dazu bei, eine bessere Welt zu schaffen, in der jeder Verständnis und Liebe findet.

Motivations seite:

Der wahre Wert eines Menschen zeigt sich nicht im Äußeren oder in seiner Macht, sondern in seiner Sensibilität für die Gefühle und Bedürfnisse anderer. Empathie ist eine immense Ressource, die in der Lage ist, das Leben der Menschen zu verändern und die Welt in eine positive Richtung zu lenken.

Empathie ist wie ein Paar Flügel, mit denen wir in die Gefühle und Gedanken anderer fliegen können. Indem wir unser Herz und unseren Geist für andere öffnen, können wir die Welt durch ihre Augen sehen. Dadurch können tiefe und dauerhafte Beziehungen des Verstehens und der Nähe entstehen.

Empathie ist nicht nur das Privileg einiger weniger Auserwählter, sondern eine Fähigkeit, die für jeden erreichbar ist. Wir alle sind mit der Gabe der Empathie ausgestattet, und wenn wir ihr Aufmerksamkeit schenken und sie üben, können sich Türen öffnen, die anderen und uns selbst helfen.

Empathie dient als Brücke, die Menschen miteinander verbindet und Unterschiede überwindet. Empathie hilft, kulturelle, sprachliche und ideologische Barrieren zu überwinden und gemeinsame Gefühle und Erfahrungen zwischen Menschen zu finden.

Empathie bereichert nicht nur das Leben anderer, sondern auch unser eigenes. Wenn wir uns in die Gefühle und Erfahrungen anderer vertiefen, erweitern wir unseren Horizont und gewinnen ein tieferes Verständnis. Durch die Praxis von Empathie kann unser eigenes Leben bunter und wertvoller werden.

Empathie zeigt sich nicht nur in Gefühlen, sondern auch in Taten. Empathie fordert von uns, uns um andere zu kümmern, ihnen zu helfen und in schwierigen Zeiten an ihrer Seite zu stehen. Emphatische Handlungen können einen enorm positiven Einfluss auf das Leben anderer haben.

Empathie spielt nicht nur in individuellen Beziehungen eine wichtige Rolle, sondern auch im sozialen Zusammenhalt. Emphatische Menschen können Gegensätze überbrücken und zur Schaffung von Frieden und Harmonie in der Welt beitragen.

Auf globaler Ebene kann Empathie enorme Veränderungen bewirken. Durch Empathie können wir andere Kulturen, Perspektiven und Lebensumstände besser verstehen. Dies schafft die Möglichkeit zur Reduzierung von Konflikten und zur Förderung globaler Zusammenarbeit.

Empathie verliert nie an Bedeutung oder Aktualität. In allen Zeiten und unter allen Umständen behält Empathie ihre Kraft und ihren positiven Einfluss. Empathie ist immer in der Lage, uns zu inspirieren und uns in Richtung einer besseren und menschlicheren Zukunft zu führen.

Empathie erfordert keine komplizierten Techniken oder Werkzeuge. Sie fordert lediglich von uns, unser Herz und unsere Aufmerksamkeit anderen gegenüber zu öffnen. Die immense Kraft der Empathie liegt in den kleinen, alltäglichen Handlungen, durch die wir das Leben anderer besser und glücklicher gestalten können.

Das Ego:

Das Ego ist ein psychologisches und philosophisches Konzept, dessen Wurzeln mit dem Selbstbewusstsein und der Selbstwertgefühl eines Individuums verbunden sind. Das Ego ist ein Teil des "Ichs" oder der Persönlichkeit, der sich um die Gefühle, Gedanken und Identität eines Individuums dreht. Dieses Konzept steht in Zusammenhang mit unserer Persönlichkeit und damit, wie wir uns in der Welt verstehen.

Das Ego umfasst nicht nur positive Selbstbewertung und Selbstbewusstsein, sondern kann auch Elemente wie Stolz, Wettbewerb und Selbstzentriertheit enthalten. Oft neigt das Ego dazu, sich mit anderen zu vergleichen und kann im Bemühen, Selbstwertgefühl zu bewahren oder zu steigern, rivalisieren.

Die Rolle und Bedeutung des Egos können je nach verschiedenen Religionen, Philosophien und psychologischen Theorien unterschiedlich sein. Zum Beispiel betrachten östliche Religionen wie der Buddhismus und der Hinduismus oft das Ego als Quelle menschlichen Leidens und streben nach Befreiung durch Selbstverleugnung und Aufgabe des Selbst. Andererseits kann das Ego Teil notwendiger Selbsterkenntnis und Selbstbehauptung sein, die für die persönliche Entwicklung und das Glück eines Individuums erforderlich sind.

Das Ego steht in enger Verbindung mit Bewusstsein und Entwicklung. Mit zunehmender Selbsterkenntnis und Bewusstseinserweiterung kann ein Individuum die negativen Auswirkungen und Begrenzungen des Egos erkennen und Änderungen initiieren, um ein gesünderes Selbstwertgefühl und eine bessere Beziehung zu anderen aufzubauen.

Der selbstlose Führer:

König Ashoka: Im 3. Jahrhundert v. Chr. lebte Ashoka, der Herrscher über ein mächtiges indisches Reich. In jungen Jahren war er ehrgeizig und machthungrig, erweiterte sein Reich durch Kriegsführung. Doch ein tragisches Schlachterlebnis veränderte ihn. Angesichts der Schrecken des Krieges wandte er sich Selbstlosigkeit und Empathie zu. Er verzichtete auf weitere Eroberungen und regierte sein Reich auf der Grundlage von Frieden und Zusammenarbeit. Er erkannte, dass die von Ego getriebene Machtausübung und egozentrische Expansion keine wahre Freude bringen, und dass sich stattdessen Fürsorge für die Menschen und selbstloser Dienst zur wahren Erhebung führen.

Das Ego ist also ein komplexes und vielschichtiges Konzept, dessen Verständnis und Umgang wichtig ist für psychologische und spirituelle Entwicklung. Es ist mit unserer Persönlichkeit, unserer Selbstbewertung und unseren Beziehungen verbunden, und ein bewussteres

Verständnis davon kann uns helfen, uns selbst und die Welt auf gesündere und positivere Weise zu verstehen.

Während sich das Individuum entwickelt und wächst, kann sich die Rolle und Interpretation des Egos verändern. Menschen auf spirituellem Weg streben oft ein tieferes Verständnis des Egos an und vertiefen ihre Beziehung zu sich selbst. Das bewusste Management und die Transformation des Egos können durch spirituelle Praktiken wie Meditation, Bewusstseinsentwicklung und Selbstbeobachtung ermöglicht werden, um sich von den negativen Begrenzungen und Illusionen zu befreien, die das Ego schafft.

Die Beziehung zwischen dem Ego und der Spiritualität kann daran erkannt werden, wie sehr ein Individuum in der Lage ist, über seine eigenen Interessen hinauszugehen und sich in das größere Ganze einzubinden. Die Fähigkeiten zur Selbstlosigkeit, Empathie und Liebe können Schlüssel sein, um tiefere spirituelle

Erfahrungen zu ermöglichen und zu erkennen, dass zwischenmenschliche Beziehungen und die Achtsamkeit gegenüber der Welt wichtige Teile der Entwicklung sind.

Die Verbindung zwischen Ego und Spiritualität zeigt sich in vielen Traditionen und Philosophien. Die Unterstützung von Selbstlosigkeit, Empathie und Liebe sind Werte, die von vielen Religionen und Philosophien betont werden, wie das Christentum, der Buddhismus, der Hinduismus und der Sufismus. Die Erkenntnis der Selbstverleugnung, der Selbstlosigkeit und der Anerkennung der eigenen egoistischen Grenzen sind Werte, die helfen können, tiefere spirituelle Ebenen und Mitgefühl für andere zu erleben.

Der bescheidene Wissenschaftler:

Albert Einstein: Albert Einstein wurde als genialer Wissenschaftler bekannt, der revolutionäre Theorien in der Physik entwickelte. Doch er verhielt sich stets bescheiden und schätzte auch die Meinungen anderer. Während seines Lebens vermied er von Ego gesteuerte Konflikte. Er verhielt sich bescheiden und zeigte Empathie für seine Kollegen und Menschen im Allgemeinen. Diese Einstellung trug nicht nur zu seiner wissenschaftlichen Entwicklung bei, sondern auch zu seinen zwischenmenschlichen Beziehungen.

Die Beziehung zwischen Ego und Spiritualität ist also eine ständige Entwicklung und Vertiefung, die die persönliche Entwicklung und Selbsterkenntnis unterstützt. Die bewusste Selbsterkenntnis, die Praxis der Empathie und der Aufbau positiver zwischenmenschlicher Beziehungen können dazu beitragen, dass die Rolle des

Egos harmonisch und positiv in die Persönlichkeit und die spirituelle Entwicklung integriert wird. Die Beziehung zwischen Ego und Spiritualität kann für jeden inspirierend und eine Gelegenheit zur tiefen Untersuchung sein, der nach Selbsterkenntnis und innerem Frieden strebt.

Die Wechselwirkung zwischen Ego und Spiritualität ist ziemlich komplex und tiefgreifend. Das Ego strebt oft nach Identifikation und Trennung, während die Spiritualität in Richtung Einheit und größere Zusammenhänge führt. Die meisten spirituellen Traditionen und Philosophien lehren, dass die Erkenntnis der vom Ego geschaffenen Illusionen und Begrenzungen der Schlüssel zum Erwachen und zur Erhebung sein können.

Das Ego konzentriert sich oft auf Selbstinteresse und Selbstidentifikation. Dieses Selbstinteresse kann oft zu Ängsten, Ängstlichkeit und Wettbewerb mit anderen führen. Das Ego schafft ein Gefühl der

"Separation", das suggeriert, dass wir als eigenständige und getrennte Entitäten in der Welt existieren. Im Gegensatz dazu lehrt die Spiritualität, dass hinter der Illusion der Separation, die das Ego vorgibt, tatsächlich eine tiefere Einheit existiert, die alles miteinander verbindet.

Der selbstlose Revolutionär:

Mahatma Gandhi: Gandhi, der Anführer der indischen Unabhängigkeitsbewegung, war ein Vorbild für Selbstlosigkeit und Empathie. Basierend auf seiner Haltung entstand der Grundsatz des selbstlosen Widerstands und des passiven Widerstands, bei dem Handlungen Empathie und Wahrheit widerspiegelten. Nicht das Ego leitete seine Handlungen, sondern die tiefere innere Überzeugung, im Interesse von Wahrheit und Frieden zu handeln.

Die Erkenntnis und Bewältigung des Egos bedeutet nicht, es völlig zu eliminieren oder zu unterdrücken. Das Ego ist auch ein notwendiger Teil unserer Persönlichkeit und hilft uns, im Alltag zu navigieren. Allerdings kann ein übermäßig starkes und dominantes Ego den inneren Frieden und die Empathie unterdrücken. Die Spiritualität ermutigt dazu, die Macht und die Begrenzungen des Egos zu erkennen und zu managen und uns auf den Weg zur tieferen inneren Realität und Empathie zu führen.

Die Beziehung zwischen dem Ego und der Spiritualität entwickelt sich durch den Prozess der Selbstentdeckung und Selbsterkenntnis. Meditation, Reflexion und bewusstes Sein sind Werkzeuge, die helfen können, die Stimme des Egos zu beruhigen und uns ermöglichen, die innere Stille und Tiefe zu erleben. Die Entwicklung von Empathie und Selbstlosigkeit kann ebenfalls entscheidend für die Spiritualität sein, da diese Werte uns mit anderen verbinden und mit der größeren Welt in Beziehung setzen.

Die bewusste Selbstkenntnis und die Praxis der Empathie ermöglichen es uns, über die von Ego geschaffenen Grenzen hinauszugehen und einen Zustand inneren Friedens und Harmonie zu erreichen. Wenn das Ego weniger Kontrolle über uns hat, können spirituelle Erfahrungen vertieft werden, und wir können besser verstehen, wie das Gefühl der Verbundenheit mit allem Existierenden und dem Universum entsteht.

Der Künstler in sich:

Vincent van Gogh: Der berühmte niederländische Maler Vincent van Gogh verbrachte einen Großteil seines Lebens im Inneren zwischen Konflikten und Ängsten. Er war ein ehrlicher und verrückter Visionär, der oft von Instinkten und emotionalen Ausbrüchen geleitete Kunst schuf. In seiner Kunst drückte er seine innere Welt aus, und damit wurden die Auswirkungen des Egos und seine persönlichen Kämpfe auf der Leinwand zum Leben erweckt. Van Goghs Leben und Kunst sind ein lehrreiches Beispiel dafür, wie wichtig ein ausgewogenes Verhältnis zwischen Ego und innerer Welt sein kann.

Die Wechselwirkung zwischen dem Ego und der Spiritualität ist daher eine sich ständig entwickelnde und vertiefende Reise, bei der die tiefergehende Selbstkenntnis, die Praxis der Empathie und die Entwicklung von Liebe und Mitgefühl uns in Richtung spirituellen Erwachens führen können. Die Balance zwischen dem Ego und der spirituellen Entwicklung kann inspirierend sein und mit Herausforderungen verbunden sein, aber das Ergebnis kann ein tieferes Verständnis, Mitgefühl und die Fähigkeit sein, die Harmonie zwischen Selbstidentifikation und Einheit zu finden.

Zusammenfassend regt die Beziehung zwischen dem Ego und der Spiritualität uns dazu an, die Tiefen und Wurzeln unseres Selbst zu erkunden, während wir Empathie und Selbstlosigkeit entwickeln. Dieser Prozess trägt dazu bei, tiefere emotionale Bindungen aufzubauen und eine neue

Perspektive zu entwickeln, in der Selbstidentität und Einheit in Harmonie existieren. Die Wechselwirkung zwischen Ego und Spiritualität eröffnet neue Wege und ermöglicht es uns, in Richtung inneren Friedens und äußerer Harmonie voranzuschreiten.

Die Selbstaufopferung des Herrschers:

Der japanische Kaiser Hirohito: Nach dem Zweiten Weltkrieg musste der japanische Kaiser Hirohito seine Haltung und Einstellung ändern, als von ihm erwartet wurde, vom Thron abzutreten. Die Haltung des Herrschers und seine Sensibilität für Empathie zeigen, dass selbst eine mächtige Person fähig ist, selbstlos zu sein und Empathie zu zeigen, wenn sie im Interesse ihres Landes und ihrer Menschen handelt.

Diese historischen Beispiele verdeutlichen, inwieweit das Gleichgewicht zwischen Ego und Empathie die Geschichte und die Gesellschaft beeinflusst. Das Ego selbst ist nicht negativ, sondern seine Bewältigung und Ausbalancierung mit dem Streben nach Empathie und Selbstlosigkeit kann wahre Erhebung und positive Veränderungen bringen.

Motivation seite:

Deine Träume können wahr werden, wenn du mit Glauben und Entschlossenheit voranschreitest. Lass nicht zu, dass irgendetwas dich aufhält, denn Ausdauer führt zum Erfolg.

Jeder Weg beginnt mit dem ersten Schritt. Hab keine Angst, loszugehen, selbst wenn dein Ziel noch weit entfernt ist. Deine Entschlossenheit und Ausdauer werden letztendlich die Ergebnisse bringen.

Rückschläge sind nicht endgültig, sondern nur vorübergehende Zustände. Lerne aus ihnen, steh auf und gehe weiter auf dem Weg der Entwicklung.

Die treibende Kraft jeder Handlung kann eine positive Denkweise und innere Motivation sein. Glaube daran, dass du fähig bist, Veränderungen herbeizuführen, und die Welt wird sich um dich herum verändern.

Das Leben ist zu kurz, um es mit negativer Energie und Zweifeln zu vergeuden. Handle jetzt, glaube an dich selbst und sei stolz auf das, was du erreicht hast.

Die Herausforderungen, denen du dich stellen musst, testen nur deine Stärke und Ausdauer. Nimm sie als Herausforderungen an und beweise, dass du alles schaffen kannst.

Lass nicht zu, dass deine Fehler aus der Vergangenheit deine Zukunft bestimmen. Jeder neue Tag ist eine Gelegenheit, neu anzufangen und deine Träume zu verwirklichen.

Das Geheimnis des Erfolgs ist, niemals aufzugeben. Die Hindernisse auf deinem Weg machen dich nur stärker und bringen dich näher zu deinen Zielen.

Es gibt kein Ziel, das du zu hoch gesteckt hast. Nur diejenigen bleiben unerreichbar, die du nicht versuchst zu erreichen. Sei mutig und träume groß!

Der wahre Sinn des Lebens liegt darin, andere zu inspirieren und eine positive Wirkung auf die Welt zu haben. Jede Handlung, die du heute vollbringst, formt das Morgen.

Positivität: Die wunderbare Magie des Lebens.

Positivität ist eine besondere Kraft, die unser Leben erhellt und die Welt verändert. Es ist eine erstaunliche Eigenschaft der menschlichen Seele, die Freude und Glück in unser Leben bringt und Einfluss auf unsere zwischenmenschlichen Beziehungen hat. Positivität ist eine Einstellung, die es uns ermöglicht, auch inmitten von Schwierigkeiten und Herausforderungen Freude und Lösungen zu finden.

Positivität ist nicht nur ein Zustand des Geistes, sondern auch eine Lebensweise. Es ist das unverzichtbare Werkzeug, mit dem wir lernen, unsere Denkweise zu verändern und unser Leben positiv zu gestalten. Positivität bedeutet nicht, dass wir immer glücklich sind oder

Schwierigkeiten vermeiden, sondern dass wir in jedem Moment des Lebens das Gute sehen und sogar in Herausforderungen Chancen erkennen.

Positivität beeinflusst stark unsere Gefühle, Gedanken und Handlungen. Eine positive Einstellung ermöglicht es uns, unserem Leben Farben zu verleihen, die eine negative Einstellung nicht erlauben würde. Positivität lehrt uns, dass wir unsere eigene Realität erschaffen und dass die Wahl in unserer Hand liegt.

Helen Keller und der Triumph der Positivität:

Die Geschichte von Helen Keller ist ein außergewöhnliches Beispiel für die Kraft der Positivität und Entschlossenheit. Obwohl sie in jungen Jahren taub und blind wurde, ließ Helen nicht zu, dass ihre Behinderungen ihr Leben bestimmen. Mit der Hilfe ihrer treuen Lehrerin Anne Sullivan lernte Helen die Kommunikation durch

Berührung und Gebärdensprache. Mit unendlichem Optimismus und positiver Einstellung wurde Helen Keller eine anerkannte Schriftstellerin und eine Befürworterin der Rechte von Menschen mit Behinderungen. Sie glaubte daran, dass "Optimismus der Glaube ist, der zur Errungenschaft führt" und bewies diese Hingabe durch ihre Leistungen und inspirierende Lebensgeschichte.

Positivität bildet die Grundlage für zwischenmenschliche Beziehungen. Eine positive Einstellung hilft uns, anderen gegenüber verständnisvoller und geduldiger zu sein und stärkt dadurch unsere Beziehungen. Positivität hat schöpferische Kraft und befähigt uns, andere zu inspirieren und zu motivieren, erfolgreich zu sein.

Positivität bedeutet nicht blinden Optimismus, sondern die Akzeptanz der Realität und eine positive Herangehensweise an Herausforderungen. Eine positive Einstellung hilft uns, uns nicht auf Probleme zu konzentrieren, sondern auf Lösungen. Dadurch entwickeln wir eine mentale Flexibilität und Stärke, die uns hilft, mit sich verändernden Situationen umzugehen.

Die Kraft der Positivität verwandelt unsere Gedanken und Gefühle. Eine positive Einstellung ermöglicht es uns, Ängste und Zweifel zu überwinden und stattdessen Glauben und Hoffnung zu nähren. Diese positive Einstellung hilft uns, Schwierigkeiten als Herausforderungen zu sehen und ihnen mit Zuversicht und Entschlossenheit entgegenzutreten.

Positivität ist die Grundlage für Selbstakzeptanz und Selbstachtung. Eine positive Einstellung ermöglicht es uns, uns so anzunehmen, wie wir sind, und unsere eigenen Werte und Stärken zu erkennen. Positivität gibt uns die Kraft, unser Leben mutig und selbstbewusst zu leben.

Mahatma Gandhis Gewaltlose Positivität:

Mahatma Gandhi, der Führer der indischen Unabhängigkeitsbewegung, zeigte der Welt die Macht des positiven Denkens und des gewaltfreien Widerstands gegen Schwierigkeiten. Er glaubte an die Kraft der Liebe, des Mitgefühls und des gewaltfreien Widerstands, um soziale und politische Veränderungen herbeizuführen.Gandhis Philosophie von Satyagraha (Wahrheitskraft) und Ahimsa (Gewaltlosigkeit) inspirierte Millionen von Menschen, sich gewaltfrei gegen Ungerechtigkeit und Unterdrückung zu erheben. Seine unerschütterliche Positivität und Hingabe spielten eine entscheidende Rolle im Kampf um die Unabhängigkeit Indiens und inspirieren weiterhin Bewegungen für soziale Gerechtigkeit auf der ganzen Welt.

Positivität wirkt sich auch auf unsere Umgebung aus. Eine positive Einstellung zieht Menschen und Situationen in unser Leben, die uns auf unserem Lebensweg unterstützen und helfen. Die positive Einstellung hat schöpferische Kraft und befähigt den Einzelnen, sein Leben und die Welt positiv zu gestalten.

Positivität ist die Grundlage für Ausdauer und Durchhaltevermögen. Eine positive Einstellung hilft uns, nicht leicht aufzugeben, sondern für unsere Träume und Ziele zu kämpfen. Positivität gibt uns die Kraft, den Kampf fortzusetzen, auch wenn der Weg schwierig und herausfordernd ist.

Positivität ist eine wunderbare Magie, die aus der Dunkelheit Licht erschafft. Die positive Einstellung erhellt unser Leben und die Herzen der Menschen. Die positive Einstellung verändert zwischenmenschliche Beziehungen, stärkt die Seele und inspiriert den Wandel.

Positivität ist das universelle Wunder des Lebens. Es ist die zauberhafte Kraft, die dem Menschen die Stärke und den Mut verleiht, ein glückliches und erfolgreiches

Leben zu führen. Die Positivität formt unsere Gedanken, Gefühle und Handlungen und führt uns auf den Weg des Glücks und des Erfolgs.

Positivität ist in jedem Menschen vorhanden, wir müssen nur lernen, diese wunderbare Kraft zu nutzen. Die positive Einstellung formt unser Leben und ermöglicht es uns, in jedem Moment des Lebens die Möglichkeiten und die gute Seite zu sehen. Positivität lehrt uns, uns auf das zu konzentrieren, was Glück und Freude in unser Leben bringt.

Die Apollo-11-Mondlandung und die Menschliche Positivität:

Die Apollo-11-Mondlandung im Jahr 1969 ist ein Beispiel für die menschliche Positivität und den Drang nach Entdeckung. Mit widrigen Umständen starteten die Astronauten Neil Armstrong, Buzz Aldrin und Michael Collins zu einer historischen Reise zum Mond. Ihre ständige

Positivität und Entschlossenheit halfen ihnen, viele Herausforderungen während der Mission zu überwinden. Neil Armstrongs berühmte Worte "Ein kleiner Schritt für einen Menschen, aber ein riesiger Sprung für die Menschheit" symbolisieren weiterhin die menschliche Fähigkeit zum positiven Denken und zur Erreichung scheinbar unmöglicher Ziele.

Positivität stärkt den Optimismus und den Glauben daran, dass jede Schwierigkeit und Herausforderung überwunden werden kann. Eine positive Einstellung bedeutet nicht, dass wir glauben, dass alles immer perfekt sein wird, sondern dass wir mit Zuversicht und Entschlossenheit daran arbeiten, das Beste aus der gegebenen Situation zu machen.

Positivität erhöht nicht nur das individuelle Glück und die Zufriedenheit, sondern wirkt sich auch auf zwischenmenschliche Beziehungen aus. Eine positive Einstellung hilft uns, mitfühlender und emphatischer gegenüber anderen zu sein und somit tiefere und stärkere Bindungen zu schaffen. Die positive Energie und Einstellung sind ansteckend und wirken sich auch auf das Umfeld aus.

Positivität ebnet den Weg zur Selbstentdeckung und persönlichen Entwicklung. Eine positive Einstellung hilft uns, uns selbst so anzunehmen, wie wir sind, und unsere Stärken und Werte zu erkennen. Dadurch können wir uns weiterentwickeln und auf allen Lebensbereichen verbessern.

Positivität ist auch eine Quelle der Kreativität und Innovation. Eine positive Einstellung ermutigt uns, neue Lösungen für Probleme zu finden und neue Wege in unserem Leben zu beschreiten. Durch positives Denken schaffen wir die Möglichkeiten, die uns und unsere Umgebung vorantreiben.

Nelson Mandelas Positive Vision der Einheit:

Das Leben von Nelson Mandela ist ein leuchtendes Beispiel für die Kraft der Positivität, mit der er Versöhnung und Einheit schuf. Nach 27 Jahren im Gefängnis war Mandela ein Verfechter von Vergebung und positivem Wandel geworden. Als Südafrikas erster demokratisch gewählter Präsident arbeitete Mandela unermüdlich daran, die gespaltene Bevölkerung des Landes zu vereinen und Frieden und Versöhnung zu fördern. Seine Fähigkeit, über die Vergangenheit hinauszuschauen und die Positivität zu umarmen, schuf ein neues Kapitel in der Geschichte Südafrikas.

Positivität unterstützt auch bei der Bewältigung von Stress und negativen Emotionen. Eine positive Einstellung hilft uns, uns nicht auf Probleme und Ängste zu konzentrieren, sondern auf Lösungen und hoffnungsvolle Zukunftsaussichten. Dadurch können wir den Alltag effektiver und harmonischer bewältigen.

Positivität ist die Quelle des Glücks. Wenn wir mit einer positiven Einstellung leben, schätzen wir die kleinen Freuden und Wunder des Lebens mehr und können sie besser genießen. Die positive Einstellung hilft uns, dankbar für die Dinge zu sein, mit denen uns das Leben gesegnet hat.

Positivität ist der Schlüssel zur Ausdauer und Motivation. Eine positive Einstellung unterstützt uns darin, nicht leicht aufzugeben, sondern mit Glauben und Entschlossenheit für unsere Ziele zu kämpfen. Die positive Denkweise gibt uns die Kraft, immer wieder zu versuchen und niemals die Verfolgung der gewünschten Ergebnisse aufzugeben.

Marie Curies Beharrlichkeit und Wissenschaftliche Positivität:

Marie Curie, eine Pionierin der Wissenschaft, ist ein Beispiel für die Beharrlichkeit und die Kraft der wissenschaftlichen Positivität. Trotz zahlreicher Hindernisse und Diskriminierung als Frau in der von

Männern dominierten wissenschaftlichen Gemeinschaft blieb sie ihren Forschungen treu. Mit ihrer revolutionären Arbeit auf dem Gebiet der Radioaktivität wurde Marie Curie die erste Frau, die einen Nobelpreis gewann, und die erste Person, die Nobelpreise in zwei verschiedenen wissenschaftlichen Bereichen erhielt. Ihr positives Denken und ihre Leidenschaft für die Wissenschaft inspirieren weiterhin Generationen zukünftiger Wissenschaftler und Forscher.

Positivität trägt auch zur Steigerung des Selbstvertrauens und der Selbstakzeptanz bei. Eine positive Einstellung hilft uns, an uns selbst zu glauben und zu vertrauen, dass wir in der Lage sind, mit den Herausforderungen des Lebens umzugehen. Dadurch steigern wir unser Selbstwertgefühl und können positiven Einfluss auf alle Lebensbereiche nehmen.

Positivität ist eine Kraft, die jeder Mensch in seinem Leben erleben kann. Es ist die zauberhafte Magie, die die Farben und den

Inhalt unseres Lebens verändert. Eine positive Einstellung ermöglicht es uns, glücklicher und zufriedener mit unserem Leben zu sein und positiven Einfluss auf Menschen und die Welt zu nehmen.

Motivations Seite:

Lass zu, dass Positivität zum Licht in deinem Leben wird! Vertraue dir selbst und erkenne die Möglichkeiten, auch in dunklen Zeiten. Die positive Einstellung verleiht dir eine immense Kraft, um ein glückliches und erfolgreiches Leben zu erschaffen!

Positivität ist nicht nur ein Gefühl, sondern auch eine Entscheidung. Jeden Tag kannst du wählen, wie du auf dein Leben blickst. Entscheide dich für Glück und Optimismus und beobachte, wie sich die Farben deines Lebens verändern!

Sei das Sonnenlicht im Leben anderer! Ein Lächeln oder ein freundliches Wort können einen enormen Einfluss auf jemandes Tag haben. Die positive Einstellung hat schöpferische Kraft, die die Welt verändern kann.

Hindernisse können dich nicht aufhalten, wenn du positiv auf Herausforderungen blickst. Lass nicht zu, dass Rückschläge deine Träume stehlen. Positivität hilft dir, aufzustehen und wieder Kraft für deine Ziele zu schöpfen!

Lasse dich von Positivität in allen Lebensbereichen inspirieren und motivieren. Die positive Einstellung stärkt deinen inneren Glauben und deine Entschlossenheit, damit du jede Hürde überwinden kannst!

Positivität ist der Weg zum persönlichen Wachstum und Glück. Glaube an dich selbst und deine Fähigkeiten. Du bist in der Lage, Wunder zu vollbringen, wenn du mit positiven Gedanken und Handlungen durch das Leben gehst!

Das Leben ist ein wunderbares Geschenk, und mit einer positiven Einstellung wird es noch großartiger. Treffe die Entscheidung, jeden Tag positiv auf das Leben zuzugehen und die kleinen Wunder zu genießen, die dich umgeben!

Positivität gibt nicht nur anderen Kraft und Motivation, sondern auch dir selbst. Positives Denken und Optimismus machen dich beständiger und kreativer, um deine Träume zu erreichen!

Breite deine Flügel aus und fliege auf den Schwingen der Positivität! Lass deine innere Stärke und dein Glück dich auf deinem Lebensweg führen. Nur du kannst bestimmen, welchen Weg du gehst!

Vergiss nicht, dass Positivität eine der mächtigsten Kräfte ist, um ein erfülltes Leben zu führen. Erkenne die Möglichkeiten, lerne aus Herausforderungen und glaube an deine Fähigkeiten. Der Optimismus formt deine Zukunft!

Positivität: Die wunderbare Magie des Lebens

Positivität ist eine besondere Kraft, die unser Leben erhellt und die Welt verändert. Es ist eine erstaunliche Eigenschaft der menschlichen Seele, die Freude und Glück in unser Leben bringt und Einfluss auf unsere zwischenmenschlichen Beziehungen hat. Positivität ist eine Einstellung, die es uns ermöglicht, auch inmitten von Schwierigkeiten und Herausforderungen Freude und Lösungen zu finden.

Positivität ist nicht nur ein Zustand des Geistes, sondern auch eine Lebensweise. Es ist das unverzichtbare Werkzeug, mit dem wir lernen, unsere Denkweise zu verändern und unser Leben positiv zu gestalten. Positivität bedeutet nicht, dass wir immer glücklich sind oder

Schwierigkeiten vermeiden, sondern dass wir in jedem Moment des Lebens das Gute sehen und sogar in Herausforderungen Chancen erkennen.

Positivität beeinflusst stark unsere Gefühle, Gedanken und Handlungen. Eine positive Einstellung ermöglicht es uns, unserem Leben Farben zu verleihen, die eine negative Einstellung nicht erlauben würde. Positivität lehrt uns, dass wir unsere eigene Realität erschaffen und dass die Wahl in unserer Hand liegt.

Helen Keller und der Triumph der Positivität:

Die Geschichte von Helen Keller ist ein außergewöhnliches Beispiel für die Kraft der Positivität und Entschlossenheit. Obwohl sie in jungen Jahren taub und blind wurde, ließ Helen nicht zu, dass ihre Behinderungen ihr Leben bestimmen. Mit der Hilfe ihrer treuen Lehrerin Anne Sullivan lernte Helen die Kommunikation durch Berührung und Gebärdensprache. Mit unendlichem Optimismus und positiver Einstellung wurde Helen Keller eine anerkannte Schriftstellerin und eine Befürworterin der Rechte von Menschen mit Behinderungen. Sie glaubte daran, dass "Optimismus der Glaube ist, der zur Errungenschaft führt" und bewies diese Hingabe durch ihre Leistungen und inspirierende Lebensgeschichte.

Positivität bildet die Grundlage für zwischenmenschliche Beziehungen. Eine positive Einstellung hilft uns, anderen gegenüber verständnisvoller und geduldiger zu sein und stärkt dadurch unsere Beziehungen. Positivität hat schöpferische Kraft und befähigt uns, andere zu inspirieren und zu motivieren, erfolgreich zu sein.
Positivität bedeutet nicht blinden Optimismus, sondern die Akzeptanz der Realität und eine positive Herangehensweise an Herausforderungen. Eine positive Einstellung hilft uns, uns nicht

auf Probleme zu konzentrieren, sondern auf Lösungen. Dadurch entwickeln wir eine mentale Flexibilität und Stärke, die uns hilft, mit sich verändernden Situationen umzugehen.

Die Kraft der Positivität verwandelt unsere Gedanken und Gefühle. Eine positive Einstellung ermöglicht es uns, Ängste und Zweifel zu überwinden und stattdessen Glauben und Hoffnung zu nähren. Diese positive Einstellung hilft uns, Schwierigkeiten als Herausforderungen zu sehen und ihnen mit Zuversicht und Entschlossenheit entgegenzutreten.

Positivität ist die Grundlage für Selbstakzeptanz und Selbstachtung. Eine positive Einstellung ermöglicht es uns, uns so anzunehmen, wie wir sind, und unsere eigenen Werte und Stärken zu erkennen. Positivität gibt uns die Kraft, unser Leben mutig und selbstbewusst zu leben.

Mahatma Gandhis Gewaltlose Positivität:

Mahatma Gandhi, der Führer der indischen Unabhängigkeitsbewegung, zeigte der Welt die Macht des positiven Denkens und des gewaltfreien Widerstands gegen Schwierigkeiten. Er glaubte an die Kraft der Liebe, des Mitgefühls und des gewaltfreien Widerstands, um soziale und politische Veränderungen herbeizuführen. Gandhis Philosophie von Satyagraha (Wahrheitskraft) und Ahimsa (Gewaltlosigkeit) inspirierte Millionen von Menschen, sich gewaltfrei gegen Ungerechtigkeit und Unterdrückung zu erheben. Seine unerschütterliche Positivität und Hingabe spielten eine entscheidende Rolle im Kampf um die Unabhängigkeit Indiens und inspirieren weiterhin Bewegungen für soziale Gerechtigkeit auf der ganzen Welt.

Positivität wirkt sich auch auf unsere Umgebung aus. Eine positive Einstellung zieht Menschen und Situationen in unser

Leben, die uns auf unserem Lebensweg unterstützen und helfen. Die positive Einstellung hat schöpferische Kraft und befähigt den Einzelnen, sein Leben und die Welt positiv zu gestalten.

Positivität ist die Grundlage für Ausdauer und Durchhaltevermögen. Eine positive Einstellung hilft uns, nicht leicht aufzugeben, sondern für unsere Träume und Ziele zu kämpfen. Positivität gibt uns die Kraft, den Kampf fortzusetzen, auch wenn der Weg schwierig und herausfordernd ist.

Positivität ist eine wunderbare Magie, die aus der Dunkelheit Licht erschafft. Die positive Einstellung erhellt unser Leben und die Herzen der Menschen. Die positive Einstellung verändert zwischenmenschliche Beziehungen, stärkt die Seele und inspiriert den Wandel.

Positivität ist das universelle Wunder des Lebens. Es ist die zauberhafte Kraft, die dem Menschen die Stärke und den Mut verleiht, ein glückliches und erfolgreiches Leben zu führen. Die Positivität formt unsere Gedanken, Gefühle und Handlungen und führt uns auf den Weg des Glücks und des Erfolgs.

Positivität ist in jedem Menschen vorhanden, wir müssen nur lernen, diese wunderbare Kraft zu nutzen. Die positive Einstellung formt unser Leben und ermöglicht es uns, in jedem Moment des Lebens die Möglichkeiten und die gute Seite zu sehen. Positivität lehrt uns, uns auf das zu konzentrieren, was Glück und Freude in unser Leben bringt.

Die Apollo-11-Mondlandung und die Menschliche Positivität:

Die Apollo-11-Mondlandung im Jahr 1969 ist ein Beispiel für die menschliche Positivität und den Drang nach Entdeckung. Mit widrigen Umständen starteten die Astronauten Neil Armstrong, Buzz Aldrin und Michael Collins zu einer historischen Reise zum Mond. Ihre ständige

Positivität und Entschlossenheit halfen ihnen, viele Herausforderungen während der Mission zu überwinden. Neil Armstrongs berühmte Worte "Ein kleiner Schritt für einen Menschen, aber ein riesiger Sprung für die Menschheit" symbolisieren weiterhin die menschliche Fähigkeit zum positiven Denken und zur Erreichung scheinbar unmöglicher Ziele.

Positivität stärkt den Optimismus und den Glauben daran, dass jede Schwierigkeit und Herausforderung überwunden werden kann. Eine positive Einstellung bedeutet nicht, dass wir glauben, dass alles immer perfekt sein wird, sondern dass wir mit Zuversicht und Entschlossenheit daran arbeiten, das Beste aus der gegebenen Situation zu machen.

Positivität erhöht nicht nur das individuelle Glück und die Zufriedenheit, sondern wirkt sich auch auf zwischenmenschliche Beziehungen aus. Eine positive Einstellung hilft uns, mitfühlender und emphatischer gegenüber anderen zu sein und somit tiefere und stärkere Bindungen zu schaffen. Die positive Energie und Einstellung sind ansteckend und wirken sich auch auf das Umfeld aus.

Positivität ebnet den Weg zur Selbstentdeckung und persönlichen Entwicklung. Eine positive Einstellung hilft uns, uns selbst so anzunehmen, wie wir sind, und unsere Stärken und Werte zu erkennen. Dadurch können wir uns weiterentwickeln und auf allen Lebensbereichen verbessern.

Positivität ist auch eine Quelle der Kreativität und Innovation. Eine positive Einstellung ermutigt uns, neue Lösungen für Probleme zu finden und neue Wege in unserem Leben zu beschreiten. Durch positives Denken schaffen wir die Möglichkeiten, die uns und unsere Umgebung vorantreiben.

Nelson Mandelas Positive Vision der Einheit:

Das Leben von Nelson Mandela ist ein leuchtendes Beispiel für die Kraft der Positivität, mit der er Versöhnung und Einheit schuf. Nach 27 Jahren im Gefängnis war Mandela ein Verfechter von Vergebung und positivem Wandel geworden. Als Südafrikas erster demokratisch gewählter Präsident arbeitete Mandela unermüdlich daran, die gespaltene Bevölkerung des Landes zu vereinen und Frieden und Versöhnung zu fördern. Seine Fähigkeit, über die Vergangenheit hinauszuschauen und die Positivität zu umarmen, schuf ein neues Kapitel in der Geschichte Südafrikas.

Positivität unterstützt auch bei der Bewältigung von Stress und negativen Emotionen. Eine positive Einstellung hilft uns, uns nicht auf Probleme und Ängste zu konzentrieren, sondern auf Lösungen und hoffnungsvolle Zukunftsaussichten. Dadurch können wir den Alltag effektiver und harmonischer bewältigen.

Positivität ist die Quelle des Glücks. Wenn wir mit einer positiven Einstellung leben, schätzen wir die kleinen Freuden und Wunder des Lebens mehr und können sie besser genießen. Die positive Einstellung hilft uns, dankbar für die Dinge zu sein, mit denen uns das Leben gesegnet hat.

Positivität ist der Schlüssel zur Ausdauer und Motivation. Eine positive Einstellung unterstützt uns darin, nicht leicht aufzugeben, sondern mit Glauben und Entschlossenheit für unsere Ziele zu kämpfen. Die positive Denkweise gibt uns die Kraft, immer wieder zu versuchen und niemals die Verfolgung der gewünschten Ergebnisse aufzugeben.

Marie Curies Beharrlichkeit und Wissenschaftliche Positivität:

Marie Curie, eine Pionierin der Wissenschaft, ist ein Beispiel für die Beharrlichkeit und die Kraft der wissenschaftlichen Positivität. Trotz zahlreicher Hindernisse und Diskriminierung als Frau in der von Männern dominierten wissenschaftlichen Gemeinschaft blieb sie ihren Forschungen treu. Mit ihrer revolutionären Arbeit auf dem Gebiet der Radioaktivität wurde Marie Curie die erste Frau, die einen Nobelpreis gewann, und die erste Person, die Nobelpreise in zwei verschiedenen wissenschaftlichen Bereichen erhielt. Ihr positives Denken und ihre Leidenschaft für die Wissenschaft inspirieren weiterhin Generationen zukünftiger Wissenschaftler und Forscher.

Positivität trägt auch zur Steigerung des Selbstvertrauens und der Selbstakzeptanz bei. Eine positive Einstellung hilft uns, an uns selbst zu glauben und zu vertrauen, dass wir in der Lage sind, mit den Herausforderungen des Lebens umzugehen. Dadurch steigern wir unser Selbstwertgefühl und können positiven Einfluss auf alle Lebensbereiche nehmen.

Positivität ist eine Kraft, die jeder Mensch in seinem Leben erleben kann. Es ist die zauberhafte Magie, die die Farben und den Inhalt unseres Lebens verändert. Eine positive Einstellung ermöglicht es uns, glücklicher und zufriedener mit unserem Leben zu sein und positiven Einfluss auf Menschen und die Welt zu nehmen.

Motivations Seite:

Lass zu, dass Positivität zum Licht in deinem Leben wird! Vertraue dir selbst und erkenne die Möglichkeiten, auch in dunklen Zeiten. Die positive Einstellung verleiht dir eine immense Kraft, um ein glückliches und erfolgreiches Leben zu erschaffen!

Positivität ist nicht nur ein Gefühl, sondern auch eine Entscheidung. Jeden Tag kannst du wählen, wie du auf dein Leben blickst. Entscheide dich für Glück und Optimismus und beobachte, wie sich die Farben deines Lebens verändern!

Sei das Sonnenlicht im Leben anderer! Ein Lächeln oder ein freundliches Wort können einen enormen Einfluss auf jemandes Tag haben. Die positive Einstellung hat schöpferische Kraft, die die Welt verändern kann.

Hindernisse können dich nicht aufhalten, wenn du positiv auf Herausforderungen blickst. Lass nicht zu, dass Rückschläge deine Träume stehlen. Positivität hilft dir, aufzustehen und wieder Kraft für deine Ziele zu schöpfen!

Lasse dich von Positivität in allen Lebensbereichen inspirieren und motivieren. Die positive Einstellung stärkt deinen inneren Glauben und deine Entschlossenheit, damit du jede Hürde überwinden kannst!

Positivität ist der Weg zum persönlichen Wachstum und Glück. Glaube an dich selbst und deine Fähigkeiten. Du bist in der Lage, Wunder zu vollbringen, wenn du mit positiven Gedanken und Handlungen durch das Leben gehst!

Das Leben ist ein wunderbares Geschenk, und mit einer positiven Einstellung wird es noch großartiger. Treffe die Entscheidung, jeden Tag positiv auf das Leben zuzugehen und die kleinen Wunder zu genießen, die dich umgeben!

Positivität gibt nicht nur anderen Kraft und Motivation, sondern auch dir selbst. Positives Denken und Optimismus machen dich beständiger und kreativer, um deine Träume zu erreichen!

Breite deine Flügel aus und fliege auf den Schwingen der Positivität! Lass deine innere Stärke und dein Glück dich auf deinem Lebensweg führen. Nur du kannst bestimmen, welchen Weg du gehst!

Vergiss nicht, dass Positivität eine der mächtigsten Kräfte ist, um ein erfülltes Leben zu führen. Erkenne die Möglichkeiten, lerne aus Herausforderungen und glaube an deine Fähigkeiten. Der Optimismus formt deine Zukunft!

Spiritualität: Die tiefere Reise der menschlichen Seele:

Spiritualität ist die tiefere Reise der menschlichen Seele, eine Welt spiritueller Entdeckungen, die sich über unser alltägliches Leben erhebt. Dies ist der Weg, der uns über die Grenzen unserer Sinne und Logik hinausführt und uns hilft, innere Harmonie und Sinn in unserem Leben zu finden. Spiritualität ist eine Einstellung, die es uns ermöglicht, eine Verbindung zur Seele und zum Universum herzustellen und eine tiefere Bedeutung hinter dem menschlichen Dasein zu entdecken.

Spiritualität dreht sich nicht nur um religiöse Überzeugungen, sondern um eine persönliche Reise, die auf Erfahrungen basiert, bei der die Seele eine größere Realität erfährt. Dies ist der Weg, der uns zu unserem inneren Selbst führt, wo wir unser wahres Ich entdecken und den Zweck und Sinn des Lebens verstehen können.

Spiritualität hilft dem Menschen, sich mit dem Lärm und der Verwirrung der äußeren Welt auseinanderzusetzen. Echte Spiritualität lehrt uns, Stille und Ruhe in der Seele zu finden und die Wellen unseres Geistes zur Ruhe zu bringen. Auf dem spirituellen Weg lernt der Mensch, wie er sich mit innerem Frieden und Harmonie verbinden kann, unabhängig von äußeren Umständen.

Spiritualität bedeutet die Erweiterung des menschlichen Bewusstseins und führt uns auf den Weg der Selbsterkenntnis. Durch spirituelle Erfahrungen erkennt der Mensch die unendlichen Möglichkeiten und Potenziale, die im Leben stecken. Echte Spiritualität ermutigt uns, unsere Gedanken und Gefühle eingehend zu betrachten und innere Weisheit und Erleuchtung zu erreichen.

Spiritualität bringt das Gefühl der Einheit in das Leben des Menschen. Durch spirituelle Erfahrungen erkennt der Mensch, dass er ein Teil des Universums ist und mit allem verbunden ist. Der Mensch wird sich bewusst, dass jede seiner Handlungen Auswirkungen auf das Universum hat, und übernimmt daher Verantwortung für sein Handeln.

Buddhas Erwachen:

Buddha Siddhartha Gautama, der Begründer des Buddhismus, erreichte laut Legenden die "Erleuchtung" oder "Illumination". In jungen Jahren verließ er den königlichen Palast, um das Leiden und die Lösungen der Welt zu erkunden. Nach langen Meditationen erreichte er eines Nachts den Zustand der Erleuchtung, als er unter dem Bodhi-Baum saß. Zu diesem Zeitpunkt wurde er als "Erwachter" oder Buddha bekannt. Durch sein Erwachen erlebte er die tiefere Realität des menschlichen Lebens und seine Lehren inspirierten Millionen Menschen auf ihrem spirituellen Weg.

Durch Spiritualität entwickelt der Mensch eine tiefere Verbindung zu sich selbst und zur höheren Realität. Auf der spirituellen Reise öffnet der Mensch sein Herz und seine Seele dem Universum gegenüber und knüpft eine Verbindung zum Göttlichen oder dem Universellen. Diese Verbindung verleiht dem Menschen Kraft im alltäglichen Leben und hilft ihm, innere Harmonie und Glückseligkeit zu erreichen.

Spiritualität dient nicht nur der individuellen Entwicklung und Erleuchtung, sondern kann auch für die Gemeinschaft von Vorteil sein. Durch spirituelle Erfahrungen entwickelt der Mensch ein tieferes Mitgefühl und Verständnis für andere und ist in der Lage, anderen bei ihrer Entwicklung und bei der Suche nach Glück zu helfen.

Spiritualität hilft dem Menschen, die tiefere Bedeutung der Welt und des Lebens zu erkunden. Spirituelle Erfahrungen lehren den Menschen, dass er mit Vertrauen und Glauben seinen Lebensweg beschreiten soll und die Herausforderungen und

Möglichkeiten des Lebens gleichermaßen akzeptiert. Echte Spiritualität ermöglicht es dem Menschen, die Momente zu schätzen und das Leben im Hier und Jetzt zu leben.

Spiritualität ist für den Menschen eine endlose Reise, die niemals endet. Dies ist der Weg, der den Menschen immer zu einer höheren Bewusstseinsebene führt und hilft, den Sinn und Zweck des Lebens zu finden. Während der spirituellen Reise erkennt der Mensch, dass jeder Teil der Welt und jeder Moment eine wunderbare Gelegenheit zur Transformation und Entwicklung ist.

Spiritualität ist ein Schatz, den jeder Mensch tief in sich trägt. Durch echte spirituelle Erfahrungen erlebt der Mensch das Gefühl inneren Friedens und Glückseligkeit und kann den wahren Wert des Lebens schätzen. Lasst uns also vor der Spiritualität den Hut ziehen und sie uns in unserem Leben führen lassen, um eine tiefere Bedeutung und Harmonie in unserem menschlichen Dasein zu finden!

Die wundersame Verwandlung des Heiligen Franziskus:

Der Heilige Franziskus, auch als Franz von Assisi bekannt, ist einer der bekanntesten Heiligen der katholischen Kirche. In jungen Jahren führte er ein lebhaftes und abenteuerlustiges Leben, doch durch eine spirituelle Erfahrung änderte er sich radikal. Eines Tages, während er in der Bucht von Assisi betete, hörte er die Stimme des Herrn, der ihn bat, seine vernachlässigte Kirche wieder aufzubauen. Danach entschied sich Franz für ein Leben der evangelischen Armut und Demut und gründete den Franziskanerorden, der auf Einfachheit, Demut und der Verehrung der Natur basierte.

Spiritualität: Die innere Reise des Erwachens

Während wir den Weg der Spiritualität weitergehen, umarmen wir die innere Reise des Erwachens, bei der wir danach streben, die tiefgründigen Geheimnisse unserer Existenz und des Universums zu verstehen. Dieser transformative Weg führt uns über die Grenzen der materiellen Welt hinaus und öffnet unsere Herzen und Geister für die unendlichen Möglichkeiten, die in uns und um uns herum liegen.

Spiritualität ist ein Ruf, uns an unsere wahre Essenz zu erinnern, um uns mit dem ewigen Funken in unseren Seelen zu verbinden. Es ist eine Einladung, in die Tiefen des Bewusstseins einzutauchen, die Reiche jenseits der physischen Sinne zu erkunden und die göttliche Präsenz zu berühren, die in jedem lebenden Wesen wohnt.

Auf dieser heiligen Reise erkennen wir, dass Spiritualität sich nicht auf eine bestimmte Dogmatik oder Glaubenssysteme beschränkt. Es ist eine individuelle Suche nach der Wahrheit, eine persönliche Erforschung der inneren Reiche, in denen wir die universellen Wahrheiten entdecken, die alle Religionen und Philosophien transzendieren.

Während wir auf diesem Weg voranschreiten, lernen wir die Kraft der Achtsamkeit und Präsenz zu umarmen. Wir werden uns unserer Gedanken, Emotionen und Handlungen bewusst und erkennen, dass sie unsere Realität formen und die Welt um uns herum beeinflussen. Durch die Kultivierung der Achtsamkeit können wir uns von den Verstrickungen der Vergangenheit befreien und in die Schönheit des gegenwärtigen Moments eintreten.

Spiritualität öffnet uns auch für das Erleben von Dankbarkeit und Mitgefühl. Wir erkennen die Verbundenheit aller lebenden Wesen und das Geflecht des Lebens, das uns erhält. Mit offenem Herzen erweitern wir unsere Liebe und unser Verständnis anderen gegenüber und unterstützen sie auf ihren einzigartigen Wegen.

Die Verkündigung der Zehn Gebote:

Die Geschichte der Zehn Gebote findet sich in der heiligen Bibel und geht auf die alttestamentarische Zeit zurück. Der Überlieferung zufolge traf Mose, der Anführer des jüdischen Volkes, am Berg Sinai auf Gott, wo dieser die Zehn Gebote auf Steintafeln schrieb, die ethische und moralische Richtlinien enthalten. Dieses Ereignis ist einer der bedeutendsten Momente in der jüdischen und christlichen Spiritualität und hat über Jahrhunderte hinweg Menschen dazu inspiriert, ein gutes Leben zu führen und den Anweisungen Gottes zu folgen.

Diese Reise des Erwachens beinhaltet das Abschälen der Schichten des Egos und das Annehmen unseres authentischen Selbst. Wir erkennen, dass wir nicht vom Universum getrennt sind, sondern ein integraler Bestandteil seiner großen Vielfalt sind. Durch Selbstakzeptanz und Selbstliebe befreien wir uns von selbstauferlegten Beschränkungen und entstehen als Wesen aus Licht und Liebe.

Spiritualität ermutigt uns, die Kraft der Meditation und Selbstreflexion zu erforschen. In der Stille finden wir die Weisheit, die aus dem Kern unseres Seins fließt. In der Stille empfangen wir die Antworten auf unsere tiefsten Fragen, und in der Einsamkeit entdecken wir die göttliche Verbindung, die schon immer in uns war.

Während wir auf diesem Weg voranschreiten, können wir Herausforderungen und Rückschläge erleben, aber Spiritualität lehrt uns Resilienz und Glauben. Wir erkennen, dass das

Universum seine Rhythmen und Zyklen hat und jede Erfahrung eine Gelegenheit für Wachstum und Transformation ist.

Indem wir Spiritualität umarmen, werden wir auch bewusste Hüter der Erde. Wir erkennen, dass unsere Handlungen Auswirkungen auf die Umwelt und zukünftige Generationen haben. Durch eine vertiefte Verbindung zur Natur finden wir Inspiration und Heilung und bringen uns in Einklang mit der Weisheit und Anmut der Erde.

Die Reise der Spiritualität gipfelt in einem tiefen Gefühl der Befreiung und Einheit. Wir erkennen, dass wir nicht durch die Grenzen des physischen Körpers eingeschränkt sind, sondern unendliche Wesen mit grenzenlosem Potenzial sind. Wir verschmelzen mit dem universellen Bewusstsein und erleben die Einheit, die allem Schaffen zugrunde liegt.

Das Treffen von Rumi und Shams Tabrizi:

Rumi, der persische Dichter und Philosoph des 13. Jahrhunderts, und Shams Tabrizi, der islamische Sufi-Meister, hatten ein legendäres Treffen in der spirituellen Geschichte. Als sich Rumi und Shams trafen, entwickelte sich sofort eine gegenseitige spirituelle Anziehung zwischen ihnen. Shams veränderte Rumis Leben und seine späteren Gedichte und Lehren wurden teilweise von Shams inspiriert. Diese Begegnung hatte einen großen Einfluss auf die Entwicklung des Sufismus (einer mystischen Richtung des Islam) und auf Rumis Ruf in der ganzen Welt.

Diese Geschichten behandeln die Sehnsucht nach Spiritualität und tieferen Werten sowie die Kraft des menschlichen Geistes. Sie sind inspirierende Beispiele dafür, wie wir uns dem göttlichen Weg verpflichten können und wie wir unser Leben transformieren können, um höhere Ziele zu erreichen.

Zusammenfassend ist Spiritualität eine heilige Reise, die uns ruft, zu unserem wahren Selbst und den größeren Mysterien des Daseins zu erwachen. Es ist eine Erforschung der grenzenlosen Reiche des Bewusstseins, in denen wir die tiefgründige Verbundenheit allen Lebens entdecken. Dieser Weg führt uns dazu, Achtsamkeit, Dankbarkeit und Mitgefühl zu umarmen, während wir uns von den Illusionen des Egos befreien. Während wir diesen Weg gehen, entdecken wir die Kraft der Meditation, Selbstreflexion und Resilienz. Letztendlich führt uns Spiritualität zur Erkenntnis unserer angeborenen Einheit mit dem Universum, wo wir zu Wesen der Liebe, des Lichts und grenzenlosen Potenzials werden. Lassen Sie uns weiterhin diese wunderschöne Reise der Spiritualität fortsetzen, die uns zu den Mysterien und Wundern führt, die uns erwarten, während wir uns auf die innere Suche nach Erwachen und Selbsterkenntnis begeben.

Motivationsseite:

Sei die Quelle überfließender Liebe und Licht in deinem Leben! Die spirituelle Reise ruft dich dazu auf, eine tiefe Verbindung mit der Liebe des Universums herzustellen und dieses wunderbare Strahlen, das in dir wohnt, hervorzubringen. Lass die Strahlen der Liebe dein eigenes Leben und das Leben anderer erhellen und positive Veränderungen in der Welt bewirken!

Die Quelle inneren Friedens und Harmonie liegt in der Stille. Lasse äußere Geräusche los und finde Ruhe in deiner Seele. Durch Meditation und Selbsterkenntnis wirst du die unendliche Weisheit und Liebe in dir erkennen. Die Ausstrahlung deines inneren Friedens wird andere inmitten der Herausforderungen des Lebens trösten und inspirieren.

Der spirituelle Weg ist eine kontinuierliche Reise des Wachstums und der Entwicklung. Sei offen für neue Erfahrungen und lerne jeden Tag etwas Neues. Das Universum birgt grenzenlose Weisheit, und du bist ebenfalls in der Lage, ein tieferes Verständnis des Lebens und der Geheimnisse des Daseins zu erlangen.

Denke daran, dass jeder Mensch einen inneren Führer hat, sein höheres Selbst, eine Quelle der Wahrheit und Orientierung. Höre auf deine innere Stimme und vertraue deinem Instinkt. Das Universum steht immer bereit zu helfen, wenn du dein Herz öffnest und Unterstützung annimmst.

Das Leben ist ein wunderschönes und kostbares Geschenk, das es zu schätzen und jeden Tag in vollen Zügen zu leben gilt. Lasse dich nicht von profanen Angelegenheiten vereinnahmen, sondern umarme bewusst jeden Moment. Die Schönheit und Wunder sind überall vorhanden, öffne einfach deine Augen und dein Herz!

Das Gefühl der spirituellen Verbundenheit verleiht Kraft und Unterstützung im Leben. Suche nach Menschen und Gemeinschaften, die einen ähnlichen spirituellen Weg beschreiten, und wachst und lernt gemeinsam voneinander. Die geteilten Erfahrungen inspirieren und stärken euch auf eurem Weg.

Lasse die Last vergangener Vergangenheit und begangener Fehler los! Der spirituelle Weg lehrt, dass die einzige Realität im gegenwärtigen Moment liegt. Lebe den Moment mit vollem Herzen und respektiere die Veränderungen und Entwicklung in deinem Leben!

Die Kraft des Glaubens gibt dem Menschen außergewöhnliche Stärke. Vertraue dir selbst und der Führung auf dem spirituellen Weg. Wenn du die göttliche Unterstützung und Anleitung erfährst, stärkst du deinen

Glauben und unterstützt die Verwirklichung deiner Träume.

Die Selbstverwirklichung und Selbstkenntnis sind entscheidend auf der spirituellen Reise. Lerne dich selbst besser kennen, entdecke deine innere Stärke und unbegrenztes Potenzial! Spirituelles Wachstum ist das stärkste Instrument auf dem Weg zur Selbstverwirklichung.

Der spirituelle Weg ist eine lange, aber schöne Reise, die niemals endet. Wisse, dass die Mysterien des Lebens und die in dir verborgenen Möglichkeiten immer darauf warten, von dir entdeckt und gelebt zu werden. Vertraue deinem eigenen Weg und sei auf der gesamten Reise dir selbst treu!
Diese motivierenden Texte sollen dich auf deiner spirituellen Reise inspirieren und unterstützen. Spirituelles Wachstum und Entwicklung sind eine lange, aber erfreuliche Reise, auf der immer neue

Entdeckungen und wertvolle Erfahrungen auf dich warten. Vertraue auf dich selbst, sei beharrlich und offen für spirituelles Lernen und Wachstum!

Die Uneigennützigkeit:

Die Uneigennützigkeit ist eine edle Eigenschaft, die eine Fähigkeit der Menschen ausdrückt, die Interessen anderer über ihre eigenen Interessen zu stellen. Uneigennützigkeit bedeutet, dass wir uns nicht nur auf unser eigenes Glück und unsere Bedürfnisse konzentrieren, sondern bereit sind, anderen zu helfen, ohne dabei eine Gegenleistung oder Belohnung zu erwarten.

Die Grundlage der Uneigennützigkeit ist emphatisches Denken, das es uns ermöglicht, die Situationen und Gefühle anderer zu verstehen. Durch Empathie können wir uns mit dem Schmerz oder der Freude anderer identifizieren und dadurch wird Hilfeleistung möglich.

Uneigennützigkeit kann sich in vielfältiger Form zeigen. Sie kann sich in einfachen und alltäglichen Handlungen äußern, wie zum Beispiel einem Sitzplatz in der Menge zu überlassen oder einem Bedürftigen zu spenden. Doch es gibt auch tiefere Ebenen der Uneigennützigkeit, wenn wir langfristige Unterstützung bieten und das Glück anderer über unser eigenes stellen.

Uneigennützigkeit bedeutet nicht, dass wir unsere eigenen Bedürfnisse und Grenzen völlig ignorieren. Es ist wichtig, ein gesundes Gleichgewicht zu finden, bei dem unser Wohlbefinden wichtig ist, uns aber nicht daran hindert, anderen zu helfen.

Es gibt zahlreiche Vorteile der Selbstlosigkeit sowohl für Einzelpersonen als auch für Gesellschaften. Selbstlose Menschen sind in der Regel glücklicher und zufriedener im Leben, da Hilfsbereitschaft und Unterstützung ihnen Freude und Sinn im Alltag geben. Uneigennützigkeit stärkt menschliche Beziehungen und trägt zur Bildung einer positiven und zusammenhaltenden Gemeinschaft bei. Darüber hinaus fördert Uneigennützigkeit Zusammenarbeit und gegenseitige Hilfe, was sozialen Fortschritt und Harmonie ermöglicht.

Uneigennützigkeit ist nicht nur ein Mittel zur Bildung guter Beziehungen, sondern auch ein Wert, der unserem Leben eine tiefere Bedeutung verleiht. Uneigennützigkeit besitzt eine magische Kraft, die eine Quelle von Liebe und Freude ist. Wenn wir selbstlos handeln, öffnet sich unser Herz anderen gegenüber und die ganze Welt wird von dem wunderbaren Gefühl ergriffen, Teil von etwas viel Größerem und Bedeutenderem zu sein als wir selbst.

Die Legende von zwei Reichen:

Der Triumph der Empathie Es war einmal in einer fernen Welt, in der zwei mächtige Reiche existierten, die von ständiger Spannung und Rivalität geprägt waren. Das Reich Elenor und das Königreich Valeria waren einst freundlich verbunden, aber im Laufe der Jahre wurden sie aufgrund von Macht und territorialen Ansprüchen zu einstigen Verbündeten, die zu Feinden wurden. Das Reich Elenor bestand aus reichen und entwickelten Städten, die wirtschaftlichen Wohlstand und wissenschaftlichen Fortschritt für ihr Volk brachten. Die Herrscherin, Königin Isabella, strebte jedoch ständig nach Ausdehnung des Reiches und ignorierte die Interessen des benachbarten Königreichs. Das Königreich Valeria führte ein einfacheres Leben. Die Menschen lebten in bescheideneren Verhältnissen, aber sie trugen ein solidarisches Gemeinschaftsgefühl und starke Empathie in ihren Herzen. König Viktor führte das Königreich, indem er immer das Wohl seines Volkes im Auge behielt, und die Prinzipien von Gerechtigkeit und Empathie leiteten ihn. Im Laufe der Jahre wurde das Reich Elenor immer aggressiver und eroberte im Zuge seiner Expansion das Grenzland von Valeria. Das Volk des Königreichs Valeria litt unter der Besetzung und Ausbeutung. Die Menschen behielten jedoch in ihren Herzen immer noch ihre Treue und Empathie, auch als sie die Last der Unterdrückung spürten. Doch eines

Tages erschien an der Grenze der beiden Reiche eine geheimnisvolle Gestalt. Es war der Friedensrichter, eine weise und alte Seele, der die Kraft der Empathie mit sich brachte. Er verbreitete die Botschaft der Empathie unter den Menschen und entfachte eine Welle der Empathie in den Herzen. Der Friedensrichter betrat zuerst das Königreich Valeria, wo König Viktor und sein Volk seinen Geschichten und Ratschlägen lauschten. Er erklärte ihnen die Bedeutung der Empathie und dass die Stärke von Gemeinschaften im Verständnis für andere liegt. König Viktor erkannte, dass Empathie nicht nur zum Glück seines eigenen Volkes führt, sondern auch massive Veränderungen in der ganzen Welt bewirken kann. Das Feuer der Empathie begann sich schnell im Königreich Valeria auszubreiten. Die Menschen begannen, Empfindsamkeit und Wertschätzung für andere zu empfinden. Dies gab ihnen die Kraft, sich gegen die Unterdrückung zu erheben und im Geist des Friedensrichters zusammenzuarbeiten. Während das Feuer der Empathie in Valeria aufflammte, trat der

Friedensrichter in das Reich Elenor ein. Dort traf er Königin Isabella, die anfangs die Botschaft der Empathie ablehnte. Doch durch die Geschichten des Friedensrichters und die Kraft der Empathie erkannte auch Isabella, dass die Expansion des Reiches auf Kosten des Volkes und anderer geschieht. Der Samen der Empathie nahm langsam auch im Reich Elenor Wurzeln. Die Menschen begannen zu erkennen, dass Freiwilligenarbeit und Verständnis für andere keine Schwäche, sondern eine Ressource sind. Durch den neuen Weg der Empathie wurden viele wiederbelebt und trugen zur Veränderung des Reiches bei. Schließlich trafen sich die Führer der beiden Reiche an der Grenze, um die Bedingungen des Friedensvertrags zu verhandeln. Neben dem Friedensrichter spürten beide Führer die Kraft der Empathie und erkannten, dass das Glück der Menschen und die Stärkung ihrer Gemeinschaften wichtiger sind als Macht und territoriale Ansprüche. Schließlich einigten sich die Führer des Reiches Elenor und des Königreichs Valeria auf einen

Friedensvertrag, der die Unterdrückung beendete und die Gebiete von Valeria zurückgab. Die Kraft der Empathie veränderte das Schicksal der Reiche, und die Empathie der Menschen brach die Rivalität. Diese Geschichte erinnerte die Menschen für immer daran, dass die Kraft der Empathie die Quelle der wahren Macht ist. Durch die des Reiches Elenor und des Königreichs Valeria entstand eine neue Ära, in der die Empathie und das Engagement für die Gemeinschaft die Welt führten. Die Menschen bewahrten immer das Feuer der Empathie in ihren Herzen, um daran zu erinnern, wie wichtig Mitgefühl und Verständnis für die Menschheit sind.

Uneigennützigkeit ist ein Wert, den jeder erreichen und praktizieren kann. Obwohl es im Leben immer Herausforderungen und Schwierigkeiten geben wird, verändert Uneigennützigkeit die Welt gemeinsam mit den kleinen Wohltätigkeiten, die wir anbieten, Schritt für Schritt, mit einem Lächeln und einer helfenden Hand.

Wenn wir alle nach Uneigennützigkeit streben würden, könnten wir eine Welt schaffen, in der die Menschen in Liebe, Verständnis und Unterstützung miteinander leben. Der strahlende Glanz der Uneigennützigkeit bringt die nobelste Seite der Menschheit hervor und verleiht Hoffnung auf eine glücklichere und harmonischere Zukunft.

Uneigennützigkeit zeigt sich in kleinen, alltäglichen Handlungen, aber sie kann auch Leben verändern, wenn sie langfristige Hingabe und Opferbereitschaft erfordert. Selbstlose Handlungen kommen auch in den Geschichten berühmter Menschen oft vor, die ein Leben führten, das auf dem Wohlergehen anderer basierte.

Uneigennützigkeit manifestiert sich nicht nur in Spenden oder Hilfsdiensten, sondern auch durch Empathie und Verständnis. Selbstlose Menschen hören anderen zu, unterstützen und ermutigen sie in schwierigen Zeiten und freuen sich über den Erfolg anderer.

In einer selbstlosen Welt konkurrieren die Menschen nicht miteinander, sondern arbeiten zusammen und unterstützen sich gegenseitig, um gemeinsam gesteckte Ziele zu erreichen. Selbstlose Menschen zögern nicht, Wissen und Ressourcen zu teilen, denn sie glauben daran, dass Zusammenarbeit und Mitgefühl den größten Fortschritt bringen.

Die schöpferische Kraft der Uneigennützigkeit kann erstaunlich sein: Eine einzige selbstlose Handlung kann eine Lawine auslösen, bei der auch andere inspiriert werden und die Botschaft von Liebe und Hilfsbereitschaft weitergeben. Uneigennützigkeit ist die edelste Kette, die die Herzen und Seelen der Menschen verbindet und ein Netzwerk schafft, in dem jeder die Kraft der Menschlichkeit und gegenseitigen Unterstützung erlebt.

Die Empathie des Königs und das geteilte Brot:

Vor langer Zeit lebte ein König, den die Menschen den "König der Empathie" nannten. Er schätzte nicht nur sein Königreich, sondern auch sein Herz sehr hoch. Das Glück seines Volkes lag ihm am Herzen, und er bemühte sich stets, seinem Volk zu helfen. Eines Jahres jedoch wurde sein Reich von einer schweren Hungersnot heimgesucht. Aufgrund von Brotmangel litten die Menschen, und die meisten Familien kämpften um tägliches Essen. Der König sah das Leiden und beschloss zu handeln. Der König der Empathie versammelte Menschen aus allen Ecken seines Landes, um eine große Versammlung abzuhalten. Er brachte sein letztes Brot mit und sagte: "Lasst uns dieses Brot Stück für Stück unter allen aufteilen. Damit zeigen wir einander unsere Empathie und Zusammengehörigkeit." Die Menschen waren von den Worten des Königs tief bewegt. Der König der Empathie begann, das Brot unter den Menschen aufzuteilen, und die Menschen stellten sich an, um jeder einen Brotabschnitt zu bekommen. In den Gesichtern der Menschen spiegelte sich die Kraft der Empathie und Gemeinschaft wider. Dann geschah etwas Wunderbares: Als jeder sein Brot bekam, begannen die Stücke sich zu vermehren, und jeder wurde satt. Die Kraft der Empathie und des Zusammenhalts hatte ein Wunder geschaffen. Die Tat des Königs der Empathie erinnerte die Menschen daran, dass wenn wir teilen, was wir haben, und das Leiden anderer verstehen, Wunder geschehen können. Die Blume der Empathie und die beiden Geschwister In einem abgelegenen Dorf lebten zwei Geschwister: Anna und Peter. Obwohl beide in Armut lebten, versuchte Anna immer, den Menschen in ihrer Umgebung zu helfen. Peter war hingegen egoistisch und dachte nur an sich selbst. Eines Tages, als die Menschen im Dorf traurig auf die verwelkten Pflanzen sahen, beschloss Anna zu handeln. Sie sammelte einige Blumen aus ihrem Garten und pflanzte sie vor ihrem Haus. Anna war fürsorglich und aufmerksam, und ihre Blumen wurden schön und gesund. Peter sah das und beschloss, auch einige Blumen zu pflanzen. Allerdings kümmerte er sich nicht um sie, gab ihnen kein Wasser und keine Pflege. Seine Blumen welkten schnell dahin. Die Dorfbewohner bemerkten den Unterschied zwischen Annas und Peters Blumen. Annas Blumen wurden zum Symbol von Empathie und Fürsorge, während Peters welke Blumen Egoismus und Gleichgültigkeit repräsentierten. Die Menschen des Dorfes begannen langsam, Annas Beispiel zu folgen. Jeder begann, aufmerksamer gegenüber anderen zu sein, den Bedürftigen zu helfen und zu teilen, was sie hatten. Die Blume der Empathie, einmal gepflanzt, blühte auf, und das Dorf wurde glücklich und vereint.

Selbstlosigkeit kennt keine Grenzen einer bestimmten Kultur, Religion oder sozialen Klasse. Es ist ein universeller Wert, der die gesamte Menschheit verbindet und über

Unterschiede und individuelle Interessen hinausgeht. Uneigennützigkeit spricht die universelle Sprache der Menschlichkeit und ist in jedem von uns vorhanden, bereit, Liebe mit anderen zu teilen.

Wenn wir in die Tiefe der Uneigennützigkeit eintauchen, erkennen wir, dass wir alle fähig sind, diese edle Eigenschaft zu besitzen. Uneigennützigkeit ist nicht nur eine angeborene Fähigkeit, sondern auch eine Fertigkeit, die entwickelt und geübt werden kann. Im Alltag bieten sich zahlreiche Möglichkeiten, selbstlos zu handeln: Wir teilen ein Lächeln mit einem Fremden, helfen einem Freund oder spenden für wohltätige Zwecke. Selbstlosigkeit ist ein wertvolles Geschenk, das für jeden zugänglich ist. Wenn wir uns in der Erfahrung der Uneigennützigkeit vertiefen, erkennen wir, dass das größte Glück darin liegt, wie gut wir Liebe und Fürsorge mit anderen teilen können.

Uneigennützigkeit bringt nicht nur denjenigen, die empfangen, Nutzen, sondern auch denjenigen, die geben. Selbstlose Handlungen stärken menschliche Bindungen, steigern Zufriedenheit und Glück und vermitteln das Gefühl, dass unser Leben Sinn und Ziel hat.

Die selbstlosen Taten einer einzigen Person können die Welt verändern, und jede selbstlose Handlung kann dazu beitragen, dass die Erde zu einem schöneren und menschlicheren Ort wird. Uneigennützigkeit ist eine mächtige Kraft, die über Grenzen und Begrenzungen hinausgeht und eine Welt schafft, in der die Menschen in Liebe leben und Freude und Frieden in Hilfsbereitschaft finden.
Wenn wir alle nach Uneigennützigkeit streben und dadurch mehr Liebe und Hilfe in die Welt geben, können wir einen besseren und glücklicheren Ort für uns alle schaffen. Uneigennützigkeit ist ein Weg, der uns zu einem erfüllten Leben führt und uns zu einem wertvollen Mitglied der Gesellschaft macht.

Die Blume der Empathie und die beiden Geschwister:

In einem abgelegenen Dorf lebten zwei Geschwister: Anna und Peter. Obwohl beide in Armut lebten, versuchte Anna immer, den Menschen in ihrer Umgebung zu helfen. Peter war hingegen egoistisch und dachte nur an sich selbst. Eines Tages, als die Menschen im Dorf traurig auf die verwelkten Pflanzen sahen, beschloss Anna zu handeln. Sie sammelte einige Blumen aus ihrem Garten und pflanzte sie vor ihrem Haus. Anna war fürsorglich und aufmerksam, und ihre Blumen wurden schön und gesund. Peter sah das und beschloss, auch einige Blumen zu pflanzen. Allerdings kümmerte er sich nicht um sie, gab ihnen kein Wasser und keine Pflege. Seine Blumen welkten schnell dahin. Die Dorfbewohner bemerkten den Unterschied zwischen Annas und Peters Blumen. Annas Blumen wurden zum Symbol von Empathie und Fürsorge, während Peters welke Blumen Egoismus und Gleichgültigkeit repräsentierten. Die Menschen des Dorfes begannen langsam, Annas Beispiel zu folgen. Jeder begann, aufmerksamer gegenüber anderen zu sein, den Bedürftigen zu helfen und zu teilen, was sie hatten. Die Blume der Empathie, einmal gepflanzt, blühte auf, und das Dorf wurde glücklich und vereint.

Die Reise zur Uneigennützigkeit mag mit kleinen Schritten beginnen, doch sie führt zu großen Veränderungen in uns und in unserer Umgebung. Jeder Akt der Uneigennützigkeit erzeugt eine Welle des Mitgefühls und der Großzügigkeit, die sich weiter ausbreitet und andere dazu inspiriert, dasselbe zu tun.

Ein einziger Akt der Uneigennützigkeit kann einen Kettenreaktionseffekt haben und Türen öffnen, die zuvor verschlossen waren. Wenn wir selbstlos handeln, laden wir andere ein, sich uns anzuschließen und ein Netzwerk der Solidarität und Unterstützung zu schaffen, das immer größer wird.

Lasst uns die Flamme der Uneigennützigkeit in unseren Herzen entzünden und das Licht der Liebe und des Mitgefühls in die Welt tragen. Lassen wir uns von der positiven Energie der Uneigennützigkeit antreiben, um Hindernisse zu überwinden und diejenigen zu unterstützen, die es am meisten brauchen.

In einer selbstlosen Welt erkennen wir die gemeinsamen Bande, die uns als Menschen verbinden, und bauen Brücken der Einheit und des Verständnisses. Uneigennützigkeit hilft uns, Vorurteile und Vorbehalte zu überwinden und uns auf das zu konzentrieren, was uns als Menschen vereint, anstatt was uns trennt.

Lasst uns jeden Tag nach Möglichkeiten suchen, selbstlos zu handeln und unsere Herzen für die Bedürfnisse anderer zu öffnen. Denn in der Uneigennützigkeit finden wir wahre Erfüllung und einen tieferen Sinn in unserem Leben.

Die Welt braucht mehr Uneigennützigkeit, mehr Mitgefühl und mehr Solidarität. Lassen wir die Selbstlosigkeit zu einer treibenden Kraft werden, die uns dazu inspiriert, eine bessere Welt zu gestalten und uns gegenseitig zu unterstützen.

Die Empathie des Königs und das geteilte Brot

Vor langer Zeit lebte ein König, den die Menschen den "König der Empathie" nannten. Er schätzte nicht nur sein Königreich, sondern auch sein Herz sehr hoch. Das Glück seines Volkes lag ihm am Herzen, und er bemühte sich stets, seinem Volk zu helfen. Eines Jahres jedoch wurde sein Reich von einer schweren Hungersnot heimgesucht. Aufgrund von Brotmangel litten die Menschen, und die meisten Familien kämpften um tägliches Essen. Der König sah das Leiden und beschloss zu handeln. Der König der Empathie versammelte Menschen aus allen Ecken seines Landes, um eine große Versammlung abzuhalten. Er brachte sein letztes Brot mit und sagte: "Lasst uns dieses Brot Stück für Stück unter allen aufteilen. Damit zeigen wir einander unsere Empathie und Zusammengehörigkeit." Die Menschen waren von den Worten des Königs tief bewegt. Der König der Empathie begann, das Brot unter den Menschen aufzuteilen, und die Menschen stellten sich an, um jeder einen Brotabschnitt zu bekommen. In den Gesichtern der Menschen spiegelte sich die Kraft der Empathie und Gemeinschaft wider. Dann geschah etwas Wunderbares: Als jeder sein Brot bekam, begannen die Stücke sich zu vermehren, und jeder wurde satt. Die Kraft der Empathie und des Zusammenhalts hatte ein Wunder geschaffen. Die Tat des Königs der Empathie erinnerte die Menschen daran, dass wenn wir teilen, was wir haben, und das Leiden anderer verstehen, Wunder geschehen können. Die Blume der Empathie und die beiden Geschwister In einem abgelegenen Dorf lebten zwei Geschwister: Anna und Peter. Obwohl beide in Armut lebten, versuchte Anna immer, den Menschen in ihrer Umgebung zu helfen. Peter war hingegen egoistisch und dachte nur an sich selbst. Eines Tages, als die Menschen im Dorf traurig auf die verwelkten Pflanzen sahen, beschloss Anna zu handeln. Sie sammelte einige Blumen aus ihrem Garten und pflanzte sie vor ihrem

Haus. Anna war fürsorglich und aufmerksam, und ihre Blumen wurden schön und gesund. Peter sah das und beschloss, auch einige Blumen zu pflanzen. Allerdings kümmerte er sich nicht um sie, gab ihnen kein Wasser und keine Pflege. Seine Blumen welkten schnell dahin. Die Dorfbewohner bemerkten den Unterschied zwischen Annas und Peters Blumen. Annas Blumen wurden zum Symbol von Empathie und Fürsorge, während Peters welke Blumen Egoismus und Gleichgültigkeit repräsentierten. Die Menschen des Dorfes begannen langsam, Annas Beispiel zu folgen. Jeder begann, aufmerksamer gegenüber anderen zu sein, den Bedürftigen zu helfen und zu teilen, was sie hatten. Die Blume der Empathie, einmal gepflanzt, blühte auf, und das Dorf wurde glücklich und vereint.

Möge die Uneigennützigkeit zu einem Teil unseres täglichen Lebens werden, und möge sie uns alle dazu inspirieren, uns um unsere Mitmenschen zu kümmern und gemeinsam eine Welt des Friedens und der Liebe aufzubauen.

Danke, dass du diese Reise zur Selbstlosigkeit mit mir gemacht hast. Ich hoffe, dass diese Worte dich inspiriert haben und dich dazu ermutigt haben, selbstlos zu handeln und die Welt um dich herum positiv zu beeinflussen.

In diesem Geiste wünsche ich dir alles Gute auf deinem Weg der Uneigennützigkeit und möge diese noble Eigenschaft dein Leben bereichern und die Herzen der Menschen um dich herum berühren. Zusammen können wir eine strahlende Zukunft gestalten, in der Liebe und Mitgefühl die treibenden Kräfte sind.

Motivation seite:

Selbstlosigkeit bringt nicht nur anderen Hilfe, sondern auch uns selbst unglaublich bereichernde Gefühle. Wenn wir selbstlos handeln, drücken wir nicht nur Fürsorge und Liebe für andere aus, sondern stärken auch unsere eigene innere Zufriedenheit. Die Taten der Selbstlosigkeit erzeugen eine positive Energie, die sich auf uns auswirkt und Freude, Glück und seelischen Reichtum ermöglicht. Denken wir daran, dass jede kleine selbstlose Handlung zur Verbesserung der Welt beiträgt und gleichzeitig unser Inneres wachsen lässt.

Selbstlosigkeit dreht sich nicht nur um Spenden oder Hilfeleistung. Selbstlose Handlungen schaffen auch Möglichkeiten für tiefere Beziehungen. Wenn wir selbstlos helfen oder anderen unsere Aufmerksamkeit schenken, schaffen wir Momente, in denen sich andere Menschen wichtig fühlen können. Selbstlosigkeit stärkt

Bindungen und schafft tiefere menschliche Verbindungen, die auf Liebe und Unterstützung basieren.

Die Taten der Selbstlosigkeit wirken sich nicht nur auf unsere direkte Umgebung aus, sondern auch auf größere Gemeinschaften und die Welt. Eine einzige selbstlose Tat kann Veränderungen auslösen und andere inspirieren, ebenfalls zu handeln. Wenn wir selbstlos geben oder helfen, können wir eine Kettenreaktion auslösen, die letztendlich eine immense positive Wirkung auf unsere Umgebung und die Gesellschaft haben kann. Gemeinsam durch Selbstlosigkeit können wir echte Veränderungen bewirken.

Selbstlosigkeit und Empathie sind eng miteinander verbunden. Selbstlosigkeit befähigt uns dazu, die Gefühle und Bedürfnisse anderer zu identifizieren und zu verstehen. Wenn wir selbstlos handeln, drücken wir in Wirklichkeit die Empathie aus, die wir für andere empfinden. Selbstlosigkeit ist die praktische

Manifestation unserer Aufmerksamkeit und Fürsorge für andere, und dadurch bauen wir tiefere Beziehungen auf.

Uneigennützigkeit bringt nicht nur anderen Nutzen, sondern fördert auch unsere persönliche Entwicklung. Wenn wir selbstlos helfen oder geben, entwickeln wir Geduld, Empathie und Toleranz. Selbstlosigkeit öffnet unser Herz und unseren Verstand für positive Gefühle und Gedanken für andere. Dadurch steigern wir unseren inneren Frieden und schaffen eine höhere Version unserer selbst.

Die Erinnerungen an selbstlose Taten machen unser Leben unvergesslich. Die Momente, in denen wir anderen geholfen haben oder Freude bereitet haben, bleiben tiefer und länger in uns, als materielle Dinge oder persönliche Erfolge. Die durch Uneigennützigkeit geschaffenen Erinnerungen leben in unseren Herzen und Köpfen weiter und inspirieren uns auch in der Zukunft.

Die Uneigennützigkeit hat eine immense Kraft, deren Auswirkungen unser individuelles Leben, unsere Beziehungen und die Welt formen können. Wenn wir selbstlos handeln, drücken wir nicht nur Fürsorge für andere aus, sondern fördern auch unser inneres Wachstum. Uneigennützigkeit kann dazu beitragen, dass wir alle ein glücklicheres, tieferes und sinnvolleres Leben führen.

Die Uneigennützigkeit kann unseren Zielen eine Dynamik verleihen, die über persönliche Ambitionen hinausgeht. Wenn wir etwas für andere tun, spüren wir inspirierende und motivierende Kräfte, die uns helfen, über unsere eigenen Grenzen hinauszugehen. Uneigennützigkeit kann auch höhere Ziele anregen, die das Wohl der Gemeinschaft oder der Welt im Blick haben.

Die Rolle der Uneigennützigkeit in unserem Leben verleiht allem, was wir tun, eine tiefere Bedeutung. Durch selbstlose Handlungen treten wir in Kontakt mit anderen Menschen, erleben die Kraft der Empathie und tragen zur Verbesserung der Welt bei. Uneigennützigkeit verleiht unserem Leben Sinn, weil sie zeigt, dass wir mit der Welt und anderen verbunden sind.

Die Tradition der Uneigennützigkeit bewahrt und überträgt das Erbe unserer Vorfahren. Diejenigen, die Selbstlosigkeit und Hilfsbereitschaft in den Vordergrund stellten, haben Werte hinterlassen, die über Generationen hinweg inspirieren können. Selbstlose Handlungen wirken nicht nur in der Gegenwart positiv, sondern tragen auch zur Wohlfahrt zukünftiger Generationen bei.

Die Uneigennützigkeit ist eine herausragende Manifestation der Menschlichkeit. Die Fähigkeit, mit unserer Liebe und Hilfe zum Glück anderer beizutragen, ist eine der edelsten Dinge, die wir tun können. Selbstlose Handlungen stärken die Verbindungen zwischen den

Menschen und verleihen dem menschlichen Dasein wahre Bedeutung.

Uneigennützigkeit und Empathie sind sich gegenseitig nährende Kräfte. Empathie ermöglicht es uns, die Bedürfnisse und Gefühle anderer zu verstehen, während Uneigennützigkeit Empathie in unseren Handlungen zum Ausdruck bringt. Uneigennützigkeit ist die Verwirklichung von Empathie, die zu tieferen und sinnvolleren Beziehungen mit anderen führt.

Uneigennützigkeit ist eine Ressource, die das Fundament für menschliche Stärke bildet. Wenn wir selbstlos handeln, zeigen wir, dass wir über unsere eigenen engen Interessen hinausblicken können und für andere da sind. Uneigennützigkeit stärkt unseren Charakter und zeigt, dass wahre Stärke in Liebe und Empathie liegt.

Uneigennützigkeit verleiht unserem Leben nicht nur eine Tugend, sondern auch eine Lebensphilosophie, die auf der Kraft von

Liebe und Empathie aufbaut. Selbstlose Taten bereichern das Leben von uns allen und tragen dazu bei, eine menschlichere, glücklichere und ausgeglichenere Welt zu schaffen. Indem wir das Potential der Uneigennützigkeit in uns entdecken, können wir Schritt für Schritt die Welt zu einem schöneren und besseren Ort machen.

Das Universum: Die unendliche Gemeinschaft und das Reich der verborgenen Wunder

Das Universum ist eine tief mystische und unerklärliche Realität, die alle Aspekte des Lebens und jedes Wesens in sich birgt. Dies ist die unendliche Gemeinschaft, in der die Sterne und Planeten in den tieferen Dimensionen von Raum und Zeit tanzen und in der Wunder und Geheimnisse miteinander verschmelzen. Das Universum ist eine Welt, in der jedes kleine Detail miteinander verbunden ist und gemeinsam eine wunderschöne und unbeschreibliche Ganzheit bildet.

Das Universum ist unendlich weit und geheimnisvoll. Dies ist der unendliche Raum, in dem die Anzahl der Galaxien und Sterne nicht einmal von den Zahlen erfasst werden kann. Das Universum ist so weit von der irdischen Existenz entfernt, dass es für den menschlichen Verstand schwer zu begreifen ist, welche Tiefe und unendlichen Möglichkeiten es bietet.

Das Universum birgt unglaubliche Schönheit in sich, die den Menschen in Erstaunen versetzt über das Leben und die Existenz. Das Leuchten der Sterne und die Drehung der Galaxien sind ein Anblick, der den Menschen verzaubert und die Vorstellungskraft der Seele erfasst. Das Universum ist eine malerische Palette aus Farben und Lichtern, die das Herz des Menschen berührt und den Geist für die geheimnisvolle Welt des Unbekannten öffnet.

Die Atmung des Universums:

Napoleon Bonaparte und die Sterne unsere Geschichte führt uns zu einem prägenden Moment im Leben des berühmten französischen Militärführers und Kaisers Napoleon Bonaparte. In einer sternklaren Nacht spazierte Napoleon allein durch sein Lager und dachte über die Geheimnisse des Universums nach. Als er zum Himmel aufblickte und das Funkeln tausender Sterne sah, ergriff ihn das Gefühl, als würde er den Atem des Universums spüren, während der Nachtwind sanft um ihn strich. Er fühlte sich, als ob das gesamte Universum direkt mit ihm sprechen würde. In diesem Moment erkannte Napoleon, dass das menschliche Leben nur ein winziger Teil der gewaltigen Symphonie des Universums ist. Das Universum erstreckt sich über unendliche Zeit und Raum, und das Leben eines Einzelnen ist nur ein flüchtiger Funke in dieser unendlichen Geschichte. Diese Erfahrung berührte Napoleon zutiefst, und ihm wurde klar, dass menschliche Macht und Ruhm vergänglich sind, während das Universum ewig besteht. Er fühlte sich, als würde er zwischen den Sternen schreiten und die Sterne selbst zu ihm sprechen, als hätte das Universum eine besondere Mission für ihn, die das Wohl der Menschheit betrifft.

Im Universum ist das Leben reichlich vorhanden. Die Planeten und Monde, die

Himmelskörper und Sterne sowie die überall vorhandene Energie und Kräfte bilden eine reiche Palette an Wundern des Lebens. Das Universum ist die Quelle schöpferischer Kräfte, durch die jedes lebende Wesen entsteht und sich entwickelt.

Das Universum birgt mystische Geheimnisse und verborgene Dimensionen. Es enthält Bereiche, die über die Grenzen der menschlichen Wissenschaft und Technologie hinausgehen. Das Universum ist voller schwarzer Löcher und dunkler Materie, wo Raum und Zeit auf seltsame Weise funktionieren.

Das Universum ist die Inspirationsquelle für Wissenschaftler und Philosophen, die nach der Bedeutung und dem Zweck des menschlichen Lebens und der Existenz suchen. Der Mensch hat immer danach gestrebt, etwas von dem unbekannten und unendlichen System zu verstehen, in dem wir leben. Die Tiefen und Geheimnisse des Universums sind eine ständige

Herausforderung für den Menschen und motivieren ihn, die Reise ins Unbekannte fortzusetzen.

Das Universum umfasst nicht nur die physische Realität, sondern auch spirituelle Dimensionen. Das Universum ist auch die Heimat der menschlichen Seele, wo innere Ruhe und Harmonie zu finden sind. Die tiefere Reise der menschlichen Seele im Universum führt auf den Weg der Selbstentdeckung und Erleuchtung.
Im Universum existiert alles miteinander und interagiert miteinander. Das Universum ist ein komplexes und schön geordnetes System, in dem alles seinen Platz hat und jede Sache ihre eigene Rolle und Funktion hat. Das Universum ist ein wunderbares Reich der Harmonie und des Gleichgewichts, in dem unendliche Möglichkeiten in jedem Moment vorhanden sind.
Das Universum ist eine sich ständig entwickelnde und verändernde Realität. Die Geschichte und Entwicklung des

Universums dauerte Milliarden von Jahren und es gibt immer noch viel zu entdecken.

Galileo's Beobachtungen der Sterne:

Die Begegnung von Universum und Wissenschaft Unsere Geschichte präsentiert ein bedeutsames Ereignis im Leben von Galileo Galilei. Der berühmte italienische Wissenschaftler, Astronom und Philosoph, Galileo, beobachtete den Nachthimmel durch ein Teleskop und begann, die Bewegung der Sterne und die Geheimnisse des Universums zu studieren. Während einer Nacht der Beobachtung erkannte Galileo, dass die Erde nicht das Zentrum des Universums ist und die Planeten um die Sonne kreisen. Diese Entdeckung stellte die damals vorherrschende erdzentrierte Sichtweise der Welt grundlegend infrage. Galileo begann seine Beobachtungen aufzuzeichnen und Experimente mit seinem Teleskop durchzuführen. Seine Entdeckungen hatten einen bedeutenden

Einfluss auf die Gestaltung des Verständnisses des Universums und den Fortschritt der Wissenschaft. Die Geschichte "Der Atem des Universums" veranschaulicht die Begegnung von Universum und Wissenschaft. Galileo erkannte, dass das Universum unendlich ist und seine Entdeckungen einen Einblick in die Wunder des Kosmos boten.

Das Universum ist bereit, uns die unendliche Fülle des Lebens und die Geheimnisse der Existenz zu zeigen. Lasst uns also dem Universum in Ehrfurcht begegnen und es uns inspirieren und in Staunen versetzen lassen. Das Universum führt uns über die Grenzen der menschlichen Wissenschaft und Kreativität hinaus und bereitet uns darauf vor, die unbekannten und verborgenen Wunder zu entdecken, die noch auf uns warten.
Das tiefere Verständnis des Universums liegt nicht nur in der Wissenschaft und Technologie, sondern auch in der inneren Reise des Herzens und der Seele des Menschen. Das Universum inspiriert uns,

die Bedeutung menschlicher Beziehungen und unsere Verantwortung füreinander zu erkennen. Die Verbindung der menschlichen Seele mit dem Universum hilft uns, innere Ruhe und geistigen Reichtum zu erfahren und den wahren Sinn des Lebens zu verstehen.

Das Universum lehrt uns, offen und akzeptierend gegenüber dem Unbekannten und dem Wandel zu sein. Das Universum ist in ständiger Bewegung, und in jedem Moment bringt es neue Möglichkeiten mit sich. Die Verbindung des Menschen mit dem Universum lehrt uns, mutig voranzuschreiten und an unsere in uns liegenden Fähigkeiten zu glauben.

Das Universum zeigt uns das Netzwerk der Zusammenhänge, in dem jede Tat und Handlung Konsequenzen hat. Das Universum spiegelt die Kraft menschlicher Gedanken und Taten wider und erinnert uns daran, Verantwortung für unser Leben und unsere Welt zu übernehmen. Das Verständnis der Gesetze des Universums lehrt uns, in Werten und guten Absichten zu leben und Veränderungen herbeizuführen, die sich positiv auf andere und unsere Umwelt auswirken.

Das Wesen und die Existenz des Universums führen uns in die Tiefen, wo der Mensch auf übermenschliche Kräfte und höhere Bewusstseinsebenen treffen kann. Die Erforschung der Wunder des Universums inspiriert uns, den Sinn und Zweck unseres Lebens zu suchen und das Wunder der Existenz zu verstehen, an dem wir teilhaben.

Der Traum des Universums: Albert Einstein und E=mc^2

Eine weitere Geschichte führt uns zu einem bedeutsamen Moment im Leben von Albert Einstein. Als junger Mann spazierte Einstein unter den Sternen und betrachtete die Geheimnisse des Universums. In seinem Geist bildete sich die Idee, dass es eine enge Verbindung zwischen Energie und Masse gibt, die die Funktionsweise des Universums beeinflusst. Die Gleichung E=mc^2 entstand aus diesen Gedanken. "Der Traum des Universums" zeigt das Zusammentreffen von Universum und wissenschaftlichen Theorien. Einstein erkannte die Tiefen und Zusammenhänge des Universums durch die Beziehung von Energie und Masse. Einstein's Entdeckungen revolutionierten das Verständnis der Physik und des Universums, und die Gleichung E=mc^2 wird seitdem als eine der grundlegenden Gesetze des Universums angesehen.

Das Universum ist selbst ein ewiger Zyklus, in dem Geburt und Tod, Schöpfung und Zerstörung miteinander verschmelzen. Das Universum birgt Weisheit, die uns lehrt, am Fluss des Lebens teilzunehmen und Veränderung und Wiedergeburt zu akzeptieren.

Das Universum besteht aus einer Vielzahl von Sternen, Galaxien und Planeten, aber auch die kleine Welt des Menschen ist Teil dieser unendlichen Gesamtheit. Die Verbindung des Menschen mit dem Universum führt uns dazu, dass auch wir die Wunder und Möglichkeiten des Universums in unserem Herzen und Wesen tragen.

Lasst uns also dem Universum unsere Bewunderung entgegenbringen und uns von ihm inspirieren lassen und uns in unserem täglichen Leben von seiner Schönheit und Geheimnishaftigkeit leiten lassen.

Das Universum führt uns über die Grenzen der menschlichen Wissenschaft und Kreativität hinaus und bereitet uns darauf vor, die unbekannten und verborgenen Wunder zu entdecken, die noch auf uns warten.

Das tiefere Verständnis des Universums liegt nicht nur in der Wissenschaft und Technologie, sondern auch in der inneren Reise des Herzens und der Seele des Menschen. Das Universum inspiriert uns, die Bedeutung menschlicher Beziehungen und unsere Verantwortung füreinander zu erkennen. Die Verbindung der menschlichen Seele mit dem Universum hilft uns, innere Ruhe und geistigen Reichtum zu erfahren und den wahren Sinn des Lebens zu verstehen.

Das Universum lehrt uns, offen und akzeptierend gegenüber dem Unbekannten und dem Wandel zu sein. Das Universum ist in ständiger Bewegung, und in jedem Moment bringt es neue Möglichkeiten mit sich. Die Verbindung des Menschen mit dem Universum lehrt uns, mutig voranzuschreiten und an unsere in uns liegenden Fähigkeiten zu glauben.

Das Universum zeigt uns das Netzwerk der Zusammenhänge, in dem jede Tat und Handlung Konsequenzen hat. Das Universum spiegelt die Kraft menschlicher Gedanken und Taten wider und erinnert uns daran, Verantwortung für unser Leben und unsere Welt zu übernehmen. Das Verständnis der Gesetze des Universums lehrt uns, in Werten und guten Absichten zu leben und Veränderungen herbeizuführen, die sich positiv auf andere und unsere Umwelt auswirken.

Das Wesen und die Existenz des Universums führen uns in die Tiefen, wo der Mensch auf übermenschliche Kräfte und höhere Bewusstseinsebenen treffen kann. Die Erforschung der Wunder des Universums inspiriert uns, den Sinn und Zweck unseres Lebens zu suchen und das Wunder der Existenz zu verstehen, an dem wir teilhaben.

Die Melodie des Universums:

Wolfgang Amadeus Mozart und die universelle Harmonie In dieser Geschichte werfen wir einen Blick in das Leben eines weiteren außergewöhnlichen Genies, Wolfgang Amadeus Mozart. Schon von jungen Jahren an besaß Mozart ein außergewöhnliches musikalisches Talent und bereicherte die Welt mit seiner Musik. Nach einem abendlichen Konzert, als die Sterne am Himmel leuchteten, verweilte Mozart lange und betrachtete das unendliche Blau des Universums. In diesem Moment, während die Melodie des Universums zu ihm emporstieg, erkannte Mozart, dass Musik eine Manifestation der Sprache des Universums ist. Das Universum ist wie eine gewaltige Symphonie, in der jeder Stern, Planet und jede Galaxie ihre einzigartige Melodie beiträgt. Mozart fühlte, dass er selbst nur eine Stimme in der musikalischen Komposition des Universums sei. Seine musikalischen Werke sind nur ein kleiner Teil der universellen Harmonie, die das gesamte Universum miteinander verbindet.

Das Universum ist selbst ein ewiger Zyklus, in dem Geburt und Tod, Schöpfung und Zerstörung miteinander verschmelzen. Das Universum birgt Weisheit, die uns lehrt, am Fluss des Lebens teilzunehmen und Veränderung und Wiedergeburt zu akzeptieren.

Das Universum besteht aus einer Vielzahl von Sternen, Galaxien und Planeten, aber auch die kleine Welt des Menschen ist Teil dieser unendlichen Gesamtheit. Die Verbindung des Menschen mit dem Universum führt uns dazu, dass auch wir die Wunder und Möglichkeiten des Universums in unserem Herzen und Wesen tragen.

Lasst uns also dem Universum unsere Bewunderung entgegenbringen und uns von seiner Schönheit und Geheimnishaftigkeit inspirieren lassen, während wir unser tägliches Leben führen. Mögen wir uns von den unendlichen Möglichkeiten des Universums leiten lassen und uns erinnern, dass wir Teil dieses großen Ganzen sind.

Inmitten der Weiten des Universums sind wir ein kleiner, aber bedeutender Teil des Ganzen. Lasst uns die Schönheit und Komplexität des Universums schätzen und uns von seiner Größe und Macht demütigen lassen. Möge das Universum uns immer wieder daran erinnern, dass es mehr zwischen Himmel und Erde gibt, als wir uns je vorstellen könnten.

Die Höhepunkte des Universums:

Raumfahrer und unbekannte Welten unsere Geschichte entführt uns In eine Science-Fiction-Welt, in der die Menschen interstellare Reisen unternehmen, um andere Galaxien und die unbekannten Welten des Universums zu erkunden. Während einer solchen Reise erkennen die Menschen, dass die Höhepunkte des

Universums geheimnisvoll und faszinierend sind, weit über die menschliche Vorstellungskraft hinaus. Die wunderbaren Anblicke ferner Galaxien und die erstaunlichen Kulturen fremder Zivilisationen zeigen die unendliche Vielfalt und Fülle im Universum. Während dieser Reisen wird den Menschen bewusst, dass das Universum voller Geheimnisse und Möglichkeiten steckt. Die Entdeckung der Mysterien des Universums und der unbekannten Welten nährt das zeitlose Verlangen der menschlichen Seele nach Erkundung und Offenheit für das Neue. Diese Geschichten sind nur einige Beispiele aus der Vielzahl an historischen Ereignissen und Vorstellungen, die mit dem Universum verbunden sind. Das Universum war schon immer eine faszinierende und beeindruckende Thematik für die Menschheit, die Wissenschaftler, Künstler und Philosophen gleichermaßen inspiriert hat. Die Entdeckung und das Verständnis des Universums stellen den Menschen stets vor neue Herausforderungen und bieten die Möglichkeit, eine tiefere

Erkenntnis und Verbundenheit in der unendlichen universellen Geschichte zu finden.

Lasst uns das Universum als Quelle der Inspiration nutzen und uns von seiner unermesslichen Schönheit und Mysterien faszinieren lassen. Es möge uns ermutigen, unsere Neugier und unseren Forschungsgeist zu wecken und uns auf die Suche nach den unendlichen Geheimnissen zu begeben, die das Universum für uns bereithält.

Das Universum ist eine unerschöpfliche Quelle der Weisheit und Erkenntnis. Mögen wir immer offen sein für seine Lehren und bereit sein, uns von seiner Schönheit und Mysterien leiten zu lassen. Lasst uns die Faszination und Ehrfurcht bewahren, die das Universum in uns hervorruft, und uns immer wieder daran erinnern, dass wir Teil eines größeren Ganzen sind.

Motivations Seite:

Das Leben ist eine wunderbare Reise, voller Möglichkeiten und Abenteuer. Hab keine Angst vor dem Voranschreiten, entfalte deine Flügel und fliege zu deinen Träumen! Glaube immer an dich selbst und kämpfe beharrlich für deine Ziele. Nur so kannst du die Ergebnisse erzielen, von denen du immer geträumt hast.

Jeder Morgen ist eine neue Chance, ein neues Kapitel in deinem Leben aufzuschlagen. Atme tief durch, lächle und wisse, dass Millionen von Möglichkeiten an diesem Tag auf dich warten. Sei offen für neue Erfahrungen, denn nur so kannst du wirklich wachsen und glücklich sein.

Erfolg ist nicht immer ein gerader Weg, aber er ist die Reise wert. Hab keine Angst vor Misserfolgen, denn sie sind nur ein weiterer Schritt in Richtung deiner Ziele. Wahrer Erfolg hängt von deinem Willen und deiner Ausdauer ab. Wenn du an dich glaubst, kannst du erreichen, was immer du möchtest.

Veränderungen sind Gelegenheiten zur Entwicklung und zum Neubeginn. Hänge nicht in der Vergangenheit oder in alten Gewohnheiten fest. Lasse deine Ängste los und entfalte deine Flügel inmitten des Windes des Wandels. Nur so kannst du wahres Glück und Zufriedenheit finden.

Die Kraft positiven Denkens ist unglaublich. Das Leben ist so, wie wir es sehen. Wenn wir in jeder Situation das Gute suchen und dankbar für die kleinen Freuden sind, dann erfüllt uns Glück.

Bleibe immer dir selbst und deinen Werten treu. Lass nicht zu, dass die Meinungen oder Erwartungen anderer dein Leben bestimmen. Du bist der Kapitän auf deinem eigenen Weg. Trau dich, aus der Masse herauszustechen und ein Leben zu leben, von dem du immer geträumt hast.

Mut bedeutet nicht, dass du keine Angst empfindest, sondern dass du sie überwindest und weitergehst in Richtung deiner Ziele. Wir alle stoßen im Leben auf Hindernisse und Schwierigkeiten, aber Mut und Ausdauer helfen uns, diese zu überwinden und unsere Träume zu verwirklichen.

Das Leben ist kurz und ein wertvolles Geschenk. Verschwende deine Zeit nicht mit negativen Gedanken oder dem Wettbewerb mit anderen. Genieße jeden Moment und gestalte dein Leben so, dass du glücklich und zufrieden bist.

Selbstakzeptanz und Selbstliebe sind der Schlüssel zur Selbstverwirklichung. Akzeptiere dich so, wie du bist, und liebe dich mit all deinen Stärken und Schwächen. Das ist die Quelle wahrer Glückseligkeit und Zufriedenheit.

Hab keine Angst, groß und mutig zu träumen! Träume sind es, die uns im Leben führen. Wenn du beharrlich für deine

Träume kämpfst, wird das Universum dir alle Unterstützung geben, damit du sie erreichen kannst. Glaube an dich selbst und bleibe dir selbst treu auf dem gesamten Weg!

www.ingramcontent.com/pod-product-compliance
Lightning Source LLC
Chambersburg PA
CBHW071053240526
45471CB00015B/1791